Armadilhas Mentais

André
Kukla

Armadilhas Mentais

Como se livrar daqueles pensamentos que só esgotam sua energia

Tradução
Sonia Augusto

Editora Gente

Editora
Rosely M. Boschini

Assistente editorial
Rosângela Barbosa

Produção
Marcelo S. Almeida

Copidesque
Editora Gente

Preparação
Ana Cortazzo

Capa
Guilherme Xavier

Projeto gráfico
Neide Siqueira

Revisão
Catarina Ruggeri

Diagramação
Join Bureau

Título original: *Mental Traps*

Rua Pedro Soares de Almeida, 114
São Paulo, SP - CEP 05029-030
Telefone: (11) 3670-2500
Site: http://www.editoragente.com.br
E-mail: gente@editoragente.com.br

Dados Internacionais de Catalogação na Publicação (CIP)
(Câmara Brasileira do Livro, SP, Brasil)

Kukla, André, 1942 –
Armadilhas mentais : como se livrar daqueles pensamentos que só esgotam sua energia / André Kukla ; tradução Sonia Augusto. – São Paulo : Editora Gente, 2007.

Título original : Mental traps : stupid things trat sane people do to mess up their minds
Bibliografia
ISBN 978-85-7312-551-1

1. Auto-realização (Psicologia) 2. Erros I. Título.

07-3321 CDD-158.1

Índice para catálogo sistemático:

1. Pensamentos improdutivos : Libertação :
Psicologia aplicada 158.1

Agradecimentos

Agradeço, primeiramente, a inúmeros mestres na arte de viver: Lao Tsé, Gautama Budha, G. I. Gurdjieff, Carl Jung, Krishnamurti, Aldous Huxley, Philip Kapleau, Robert Aitken, Nechung Rinpoche, Ram Dass e Kaila Kukla. Agradeço também a meu agente literário, Robert Mackwood, que conseguiu a publicação deste livro em duas editoras, uma americana e outra canadense. E essa minha dupla cidadania literária trouxe como conseqüência o contato com duas das pessoas mais agradáveis com quem já trabalhei e também das que mais me ajudaram: meu editor canadense, Nick Garrison, e minha editora americana, Holly McGuire. O entusiasmo e o apoio recebidos foram inabaláveis. Cuidaram de meu projeto como se fosse deles. Obrigado, Nick e Holly.

Sumário

1

A ORIGEM DAS ARMADILHAS MENTAIS

Armadilhas mentais são pensamentos corriqueiros que perturbam nosso bem-estar, desperdiçam nosso tempo e esgotam nossa energia sem realizar nada de valor para nós ou para qualquer outra pessoa.

A palavra *valor* aqui, e em todo este livro, refere-se a qualquer coisa que nos pareça valer a pena. Este livro não é um tratado moral. Ele não defende o lado do trabalho útil em detrimento do lazer, nem o do envolvimento social em prejuízo da autopermissividade. Se nos sentirmos contentes em assistir à televisão o dia inteiro, então essa atividade terá valor para nós e não será considerada perda de tempo.

O fato é que, freqüentemente, ficamos esgotados com atividades importunas que nos impedem de concretizar nossos objetivos, desde desfrutar um programa na TV até realizar um trabalho importante. Essas atividades inúteis são chamadas de armadilhas mentais e nos fazem perder nosso precioso tempo.

As armadilhas mentais não são identificadas pelo *conteúdo* de nossas idéias, mas por sua *forma*. Qualquer aspecto da vida diária — tarefas domésticas, lazer no fim de semana, carreira profissional, relacionamentos — pode ser pensado de modo produtivo ou improdutivo. Caímos nas mesmas armadilhas quando estamos lavando a louça e quando pensamos em casamento ou divórcio. Não importa o assunto no qual estamos pensando, mas o modo como lidamos com nossos pensamentos. Ao nos livrarmos de uma armadilha, descobrimos que isso alivia os problemas em todas as áreas da nossa vida.

Construímos estruturas improdutivas de pensamento em todas as escalas de tempo concebíveis. Uma armadilha mental pode nos prender em suas garras por um simples momento ou por toda a vida.

E as ciladas momentâneas são tão prejudiciais quanto as eternas. Devido à sua brevidade, os instantes de tempo e de energia desperdiçados são especialmente difíceis de identificar e corrigir, e o resultado é que caímos nessas armadilhas com grande freqüência. Pessoas que vivem em grandes centros urbanos dificilmente conseguem ficar livres dessas ciladas por mais que alguns minutos. No final do dia, o efeito cumulativo desses episódios pode ser uma imensa exaustão sem motivo aparente.

Observe o trecho bíblico abaixo:

> *Para tudo há um tempo, para cada coisa há um momento debaixo dos céus.* (Eclesiastes 3, 1)

Quando nos desviamos desse importante conselho, ou seja, quando começamos no momento errado ou continuamos no ritmo inadequado para nós ou paramos cedo ou tarde demais, conseguimos menos do que poderíamos.

Quero deixar claro que não pretendo dar fórmulas de como e quando desenvolver determinada atividade. Há um tempo para *tudo,* seja para apreciar uma boa comida, seja para correr atrás de nosso sucesso. Todas são partes importantes de nossa vida. Mas, se tentarmos progredir na carreira ao mesmo tempo em que saboreamos o jantar, arruinaremos nossa digestão — e não poderemos trabalhar bem entre uma garfada e outra. Nenhuma das atividades será beneficiada. Se priorizarmos nossos valores, poderemos usar adequadamente o tempo e os recursos.

O que nos impede de fazer o melhor, no melhor momento e da melhor maneira acontece em padrões recorrentes e facilmente identificáveis. Essas são as armadilhas mentais.

Se as armadilhas mentais são tão prejudiciais para nós, por que caímos nelas? Por que simplesmente não as abandonamos? Existem três motivos. Em primeiro lugar, muitas vezes não percebemos o que estamos pensando. Em segundo lugar, mesmo quando temos consciência de nossos pensamentos, com freqüência não notamos sua natureza prejudicial. Por fim, em terceiro lugar, mesmo quando reconhecemos sua natureza prejudicial, não conseguimos deixá-los, devido à força do hábito.

Se o pensamento que ocorre quando estamos aprisionados permanecer abaixo do nível da consciência, não poderemos sequer tentar mudá-lo, pois não podemos deixar de fazer aquilo que não sabemos que estamos fazendo. Por exemplo: se não soubermos que estamos vestidos, não pensaremos em trocar de roupa, mesmo se estivermos com calor. Da mesma forma, quando não sabemos que estamos tendo pensamentos improdutivos, a opção de pará-los nem é cogitada.

A idéia de não termos consciência de nossos pensamentos pode nos parecer um paradoxo, porque tendemos a igualar consciência com pensamento. Mas os dois processos não são idênticos. Podemos ter uma consciência deliciosa do gosto de uma fruta exótica ou da sensação de um orgasmo sem ter nenhum pensamento. Assim como podemos ser inundados por um fluxo ininterrupto de idéias sem notar nenhuma delas. O experimento mental a seguir vai nos convencer a respeito desse importante ponto.

Quando não estamos ocupados com um assunto ou algo que nos proporciona prazer, nossos pensamentos muitas vezes vagueiam de um tópico para outro utilizando as associações mais frágeis. Tal experimento só pode ser realizado quando nos damos conta de que estamos no meio desse vaguear. Para aqueles que não dormem rapidamente, o tempo passado na cama antes de adormecer é especialmente rico nesse material. Assim que nos pegarmos vagueando, devemos começar uma retrospectiva da seqüência de idéias que nos levou até onde nos encontramos. Se estivermos pensando sobre a beleza de Paris, poderemos nos lembrar de que isso foi precedido por um pensamento sobre um amigo que acabou de voltar de lá. A idéia da volta do amigo pode ter vindo da lembrança de que essa pessoa nos deve dinheiro, o que, por sua vez, pode ter sido provocada por alguma preocupação financeira que pode ter sido evocada pela idéia de que gostaríamos de comprar um carro novo.

Nessa prática, é essencial *não* decidir antecipadamente que *faremos* uma retrospectiva dos pensamentos dos próximos minutos. Temos de esperar que eles surjam até percebermos que estamos no meio deles. Quando isso acontece, freqüentemente ficamos surpresos com as idas e vindas que nossas idéias dão. Sem uma retrospectiva, nunca teríamos suspeitado de que o pensamento sobre Paris teve origem no desejo de um carro novo! É essa experiência da surpresa que constitui uma prova. *Não ficaríamos surpresos a menos que não soubéssemos o que estávamos pensando.* Nosso pensamento era inconsciente. Evidentemente, o processo do pensar não depende de nossa atenção contínua a ele, do mesmo modo que o processo do andar não depende de acompanharmos atentamente a posição dos braços e das pernas.

Na maioria das vezes, as armadilhas mentais permanecem abaixo do nível da consciência, e nós caímos nelas automaticamente. O primeiro requisito para nos livrarmos dessas armadilhas é aprender a detectá-las. Este livro vai fornecer os recursos necessários para cumprirmos essa condição. É um manual para a identificação das ciladas mentais, repleto de exemplos ilustrados.

O primeiro passo é aprendermos a detectar e a identificar essas armadilhas. Mesmo assim, ainda não seremos capazes de exterminá-las. Também precisamos estar convencidos de que elas são inúteis e prejudiciais. Isso nem sempre é óbvio. Na verdade, as armadilhas mentais são freqüentemente confundidas com atividades absolutamente essenciais sem as quais a vida se tornaria caótica e perigosa. Algumas são até celebradas em provérbios famosos. E nós não vamos nos mexer para nos livrarmos delas até estarmos convencidos de que elas não têm valor.

Neste manual, os vários recursos para a identificação das armadilhas mentais são complementados por análises de seus efeitos nocivos.

Depois de aprendermos a identificar as armadilhas e de nos convencermos da vantagem de nos livrarmos delas, sobra um caso comum de mau hábito. Nesse ponto, somos como um fumante que acredita nas frases de alerta contidas nos maços de cigarro. Na luta contra as armadilhas mentais, como na batalha contra o cigarro, as resoluções são tomadas e quebradas, e retomadas. Algumas pessoas obtêm sucesso em se livrar do hábito e outras falham. Muitas, pelo menos, conseguem motivação para diminuir o número de cigarros. O último capítulo deste livro oferece conselhos estratégicos sobre o modo de conduzir essa luta contra as armadilhas mentais.

Os caçadores de armadilhas mentais encontram sua presa em meio à vida diária. É nos assuntos mais comuns, como, por exemplo, fazendo compras, conferindo o talão de cheques, cumprindo compromissos, atendendo ao telefone, escovando os dentes, falando com um amigo, que aprendemos sobre as armadilhas mentais. Quando há muito a perder, ficamos fixados demais no resultado e não conseguimos uma atitude de auto-observação. Mas quando a atividade é rotineira, encontramos a margem de manobra necessária para examinar o que fazemos e a coragem para experimentar uma nova abordagem.

Ao nos analisarmos dessa maneira, colhemos o benefício inesperado, além do maior autoconhecimento. A vida comum torna-se extraordinária e fascinante imediatamente. Um telefonema durante o trabalho não é mais apenas uma irritação, mas uma valiosa oportunidade para observar os efeitos das interrupções. Chegar atrasado ao cinema cria uma oportunidade para investigar a natureza dos pequenos desapontamentos. Trabalhar com um prazo apertado transforma-se numa situação incrivelmente rica em oportunidades de autodescoberta. Lavar a louça proporciona um campo em que podemos observar o jogo de diversas forças psicológicas, as mesmas forças que se enfrentam nas mais admiráveis situações da vida. Não fosse por esses pequenos desafios e atribulações, seríamos incapazes de aprender algo sobre nós mesmos. Então começamos a dar as boas-vindas às dificuldades, como aliadas, e a nos surpreender com nossa reação a elas. A vida cotidiana é transformada em uma aventura infinita. Pois, o que é uma aventura se não uma atitude diante da dificuldade?

É hora de começarmos nossa exploração da paisagem interior. Não precisamos nos apressar em mudar as coisas a nossa volta. A intervenção drástica pode esperar até entendermos o equilíbrio ecológico desse terreno desconhecido. Enquanto isso, aproveitemos a vista.

2

PERSISTÊNCIA

A primeira armadilha, *persistência*, é continuar a trabalhar em projetos que perderam a importância. A atividade tinha significado para nós, ou nem a teríamos iniciado, mas o entusiasmo dissolveu-se antes mesmo de chegarmos ao final. No entanto, apesar de entediados, continuamos o trabalho, seja porque não notamos essa mudança, seja por pura inércia.

Outro exemplo: alguém nos pergunta o nome de um ator coadjuvante em um filme B dos anos 1940. Temos o nome na ponta da língua, mas não conseguimos nos lembrar dele. Enquanto isso, a pessoa que queria saber saiu de cena. Mas o problema não foi embora com ela. Ele passa a nos assombrar o dia inteiro. Inicialmente, nossa meta era responder à pergunta de uma pessoa. Mas não é essa meta o que nos faz continuar. Mesmo se nunca mais virmos essa pessoa nos livraremos desse fardo.

Começamos a assistir a um programa de TV e logo percebemos que ele é irremediavelmente chato. Mas, ainda assim, continuamos assistindo "até o amargo fim", reclamando o tempo todo.

Começamos, por pura bobagem, a cantar uma música, como a "Um elefante incomoda muita gente", para não prestarmos atenção na demora da passagem do tempo numa viagem, por exemplo. Depois de poucos quilômetros, já nos cansamos da brincadeira. Mas não paramos. Em vez disso, cantamos cada vez mais depressa, para chegarmos logo ao fim.

Em uma discussão política, iniciamos uma contestação longa e decisiva da opinião de nosso adversário. No meio do argumento, ele anuncia que está convencido e que não é preciso dizer mais nada. No entanto, não saímos convictos de que realmente o assunto tenha sido concluído.

Não nos impressionamos o bastante com a peculiaridade de atos como esses.

O que transforma essas atividades em armadilhas mentais é o fato de elas continuarem a nos incomodar por muito tempo, sem fazer referência a nossas necessidades ou interesses. Normalmente, não sentimos prazer em levá-las até o fim. Pelo contrário, a luta para lembrar uma informação trivial ou o programa de TV ruim são vividos como fatores de irritação. Ficamos impacientes, queremos concluí-los e nos sentimos aliviados quando finalmente isso acontece. Se houvesse uma pílula para nos fazer esquecer que alguém nos perguntou sobre o ator do filme B, nós a engoliríamos de bom grado. Aqueles com visão hedonista teriam dificuldade em explicar fenômenos como esses, porque defendem a idéia de que sempre agimos em favor de nossos prazeres.

É claro, podemos perseverar devido a valores diferentes do prazer. Podemos assistir a um programa ruim porque temos a tarefa de escrever uma crítica. Podemos cantar até o último elefante como um exercício de paciência. A perseverança infeliz nem sempre é a armadilha da persistência. Mas a maioria dos que assistem a programas de TV desinteressantes não é formada por críticos, e os cantores de "Um elefante incomoda muita gente" não costumam estar envolvidos em exercícios espirituais. Não há nenhum propósito nessas atividades, nem qualquer diversão.

É incrível, mas nossa cultura nos ensina a considerar a persistência como uma virtude. Nós nos vangloriamos e dizemos que, depois de estabelecermos uma direção, nada vai nos impedir de segui-la até o fim. Ensinamos a nossos filhos que deixar algo incompleto é um sinal de fraqueza e até de imoralidade. É inegável que nossos negócios se beneficiam muito com a capacidade de perseverar diante da adversidade. Mas é bem diferente sugerir que essa capacidade deva ser exercida sempre e indiscriminadamente. Pode-se estabelecer uma distinção útil entre *persistência* e *perseverança.* Perseveramos quando perseguimos nossos objetivos com obstinação, apesar dos obstáculos que encontramos no caminho. Mas apenas persistimos quando teimamos em seguir por direções que já sabemos que vão dar em becos sem saída.

O imperativo moral de terminar tudo o que iniciamos está profundamente arraigado. Temos dificuldade de abandonar até os empreendimentos mais claramente enfadonhos. O mero ato de iniciar já nos obriga a continuar até o fim. Agimos como se obrigados por uma promessa — uma promessa feita somente a nós mesmos.

Começamos a ver um programa de TV apenas pela diversão. Mas um segundo motivo entra em jogo quase imediatamente: a necessidade de completar o que foi iniciado. Enquanto continuamos a nos divertir, essa necessidade nem é sentida. Ela é só um impulso na direção em que já estamos indo. Mas seu efeito é observado assim que perdemos o interesse no programa. Se a diversão fosse o único motivo para assistirmos, desligaríamos na hora. Mas o motivo secundário de terminar o que começamos, só porque foi começado, nos faz persistir.

As leis de Newton dizem que um corpo em movimento continuará a se mover na mesma direção até que a inércia seja superada por outras forças. Parece que nós também obedecemos a uma lei de *inércia mental.* Depois de começarmos uma atividade, continuamos nos movendo na mesma direção psicológica até chegarmos ao fim. Como no caso da inércia física, esse impulso pode ser superado por outras tendências. Nem todos os jogos de Banco Imobiliário chegam ao fim. Um terremoto, uma inundação repentina ou uma bexiga cheia vão interromper praticamente todos os casos de persistência. Até mesmo o tédio pode ser forte o bastante para nos fazer parar. Mas precisamos estar muito entediados, ou a emergência precisa ser urgente de fato, ou nossa bexiga precisa estar quase estourando. A inércia sistematicamente favorece a continuação da tarefa presente independentemente de seus méritos. O resultado é que nossa decisão de parar muitas vezes ocorre um pouco tarde demais.

Em alguns momentos tentamos justificar a persistência dizendo que não desejamos perder nosso investimento de tempo e energia. Se sairmos do jogo agora, nossos esforços anteriores terão sido em vão. Essa linha de pensamento explica por que um estado contínuo de persistência vai se tornando cada vez mais difícil de interromper. Se só fizemos alguns movimentos em um jogo chato, nosso investimento é tão pequeno que podemos sair sem remorsos. Mas depois de várias horas de jogo amargo e desagradável, parece vergonhoso não continuar um pouco mais e terminar.

É claro que esse é um argumento falso. As horas desagradáveis *já* foram desperdiçadas. Elas não serão recuperadas quando terminarmos. É hora de diminuir nossas perdas e parar. Paradoxalmente, nosso instinto de conservação só provoca mais desperdício.

A relutância absurda em desistir de coisas sem valor pode até nos fazer iniciar atividades que, desde o começo, não têm valor. Podemos comprar objetos que não terão serventia para nós porque não podemos perder uma liquidação, ou comer quando não temos fome para que a comida não seja jogada fora, ou encher nossa casa com o lixo do sótão dos outros. Essa armadilha é a prima em primeiro grau da persistência. Nesse caso, não ficamos presos em meio ao desaparecimento de um valor prévio. Devido à elegância formal, vamos considerá-la como um caso limítrofe da mesma armadilha. Nesse tipo de *persistência instantânea*, é aconselhável sair assim que começarmos.

Jogos chatos, programas ruins e liquidações de coisas que não vamos usar, felizmente, sempre acabam. Mas, nem todas as atividades possuem um tempo determinado de duração. Um emprego, um casamento e um hábito são, ou podem vir a ser, duradouros ou para sempre. Quando uma atividade de duração indeterminada perde seu valor, podemos ficar mergulhados em um estado de *persistência perpétua*. A mera passagem do tempo não vai nos livrar dessa armadilha. É como estar em um jogo de Banco Imobiliário que nunca termina.

Podemos persistir perpetuamente em relacionamentos que se tornaram irremediavelmente amargos, em empregos que não nos trazem mais satisfação nem perspectivas, em *hobbies* antigos que não nos dão mais prazer, em rotinas diárias que apenas restringem nossa vida. Muitas vezes permanecemos em uma direção infrutífera simplesmente porque nem pensamos em reavaliar nossos objetivos. Vivemos desse modo por tanto tempo — com essa pessoa, nesse emprego, nessa casa e nesse bairro, vestimos esse estilo de roupas, realizamos esses rituais de dieta e higiene pessoal nessa ordem específica — que não nos ocorre o fato de as coisas poderem ser diferentes. Nossa existência é considerada um ato do destino. Podemos não gostar dela, mas é assim que ela é. Se pararmos para nos perguntar se queremos continuar na direção atual, a resposta pode ser muito clara. Qualquer insegurança seria preferível a fazer *isso* durante oito horas por dia, cinco dias por semana, cinqüenta semanas por ano, até morrer. Mas não nos perguntamos. Reclamamos, mas achamos que as coisas devem continuar assim. Por isso, persistimos nos padrões de comportamento que mantêm tudo como está.

Nossa pouca disposição para abandonar uma situação ruim pode também se originar da crença de que as alternativas são ainda piores. Talvez passemos fome se deixarmos o emprego. Essa perspectiva pode ser ou não correta. De qualquer modo, a razão para permanecer não é uma armadilha mental. É a melhor escolha que podemos fazer, considerando nossa compreensão da situação. Mas devemos observar se não usamos esse tipo de argumento para justificar a pura força da inércia. Algumas vezes, simplesmente não conseguimos mudar, embora todos os indícios digam que deveríamos. Sentimo-nos obrigados a continuar na mesma direção, do mesmo modo que sentimos precisar terminar o jogo Banco Imobiliário. Enquanto estivermos conscientes de nosso dilema, existe alguma esperança de resolver o impasse. No entanto, depois de justificarmos muito bem nossa situação como a melhor escolha dentre as alternativas ruins, tudo estará acabado.

É muito fácil cair em um caso perpétuo de *persistência negativa*. Nesse caso persistimos em *não* fazer algo que *seria* gratificante, como não nos envolver emocionalmente com alguém por termos vivido experiências amorosas frustrantes, rejeitarmos todos os tipos de comida que contenham, por exemplo, azeitona, porque certa vez comemos uma azeitona estragada, ou negar-se a lidar com problemas matemáticos por traumas vivenciados na época de escola.

Não fazer algo é também um projeto sem fim, ou seja, nunca deixaremos de evitar as azeitonas, por exemplo. É possível que esses hábitos de omissão persistam para sempre. Na verdade, são *especialmente* persistentes. É muito fácil ver quando devemos parar de *fazer* alguma coisa, como comer o mesmo cereal sem gosto todas as manhãs. Só precisamos prestar atenção em nossa experiência. Mas como vamos descobrir que é hora de parar de *não* fazer algo, como evitar azeitonas, por exemplo? Talvez não passássemos mal ao experimentá-las de novo. Mas enquanto persistirmos negativamente, nada em nossa experiência poderá nos dizer isso.

A persistência negativa é a estrutura mental que está por trás de muitas fobias. Depois de ter uma experiência ruim em uma grande multidão, ou dirigir em uma estrada na montanha, ou ao falar em público, passamos a evitar para sempre o que nos perturba. A primeira experiência pode ter acontecido devido a uma combinação única de fatores. Outras multidões, outras estradas ou as mesmas em outro dia poderiam não nos afetar. Mas, como nós as evitamos, nunca vamos descobrir isso. É claro que esse problema é ainda mais complicado, pois nossa expectativa tendenciosa de pânico funciona como uma profecia que se auto-realiza. E essa é outra armadilha.

Se evitarmos uma atividade, como poderemos saber que o valor dela mudou? A única resposta é não desistir de nada de modo definitivo. É uma boa idéia dar uma olhada ocasional naquilo que excluímos de nossa vida por ser desagradável, doloroso ou difícil. Sem que tenhamos percebido, nossos gostos, nossa coragem, nossas habilidades, nossa sorte ou nosso próprio mundo podem ter mudado. Experimentar uma azeitona, ou um novo relacionamento, após algum tempo, pode trazer uma agradável surpresa.

3

AMPLIFICAÇÃO

A *amplificação* é a armadilha de trabalhar mais do que o necessário para alcançar um objetivo, como se usássemos um martelo para matar uma mosca. O erro oposto — fazer pouco demais — recebe muito mais atenção. Mas exagerar também é um erro. Existe uma quantidade de trabalho adequada para cada tarefa da vida.

Uma comparação com a persistência ajudará a definir as características das duas armadilhas. Quando amplificamos, o objetivo para o qual trabalhamos continua a ter valor, mas nosso trabalho não nos aproxima dele. Quando persistimos, nosso trabalho pode ser extremamente efetivo ao nos aproximar do objetivo, mas não existe razão para irmos até lá. Persistimos quando continuamos com algo que se tornou tedioso. Amplificamos quando demoramos demais para tomar uma atitude em relação a algo com que ainda nos importamos.

Acontece uma amplificação se ensaiarmos um discurso inúmeras vezes, tornando nossas palavras monótonas e sem vida ou se, ao viajar, carregarmos malas em excesso porque desejamos estar preparados para as situações mais improváveis, como, por exemplo, um convite para um baile a rigor no meio da floresta! Ganhar mais dinheiro para gastar ainda mais é uma amplificação que consome toda a nossa vida.

O que amplificamos depende do que estamos tentando alcançar. Ganhar muito dinheiro é uma armadilha se o objetivo for satisfazer todos os nossos desejos. Mas a mesma atividade pode estar plenamente de acordo com nossos valores se nos envolvermos com isso pelo prazer do jogo financeiro.

Existem tarefas que oferecem oportunidades infinitas para amplificação. Por mais que se faça, sempre é possível fazer mais para atingir nossos objetivos. Se quisermos ficar ricos, sempre haverá mais dinheiro para ganhar, sempre poderemos ensaiar o discurso mais uma vez, assim como sempre existirá uma possibilidade de encontrar mais uma palavra no jogo de Palavras Cruzadas. E ao tomarmos uma decisão, sempre existirão fatores adicionais que poderiam ter sido levados em conta, ou após realizar uma pesquisa com 12 pessoas sobre a reputação acadêmica e a qualidade de ensino de várias universidades, sempre poderemos pedir a opinião de uma 13ª.

É claro que existe a lei dos retornos decrescentes. Depois de ganhar tanto dinheiro, 1 milhão de reais a mais não fará diferença. E tantas opiniões sobre as universidades poderão trazer dúvidas, atrapalhando a continuidade da pesquisa. Esse é o ponto em que a amplificação começa.

Algumas vezes somos persuadidos a ir além, partindo do pensamento de que "é muito melhor pecar pelo excesso", afinal trabalho é sempre útil. Então, ficamos olhando para o jogo de Palavras Cruzadas na expectativa de que a qualquer instante será revelada a palavra com sete letras que faltava. A 13ª pessoa consultada pode nos dar um conselho muito melhor do que o das 12 pessoas inicialmente entrevistadas. Mas se essa linha de raciocínio valer para 12 pessoas, continuará a valer para depois da 13ª. Um outro esforço pode ser crucial de fato — e o mesmo vale para o próximo, o seguinte e o que vem depois. Dessa forma, somos levados à conclusão de que devemos estudar o jogo de Palavras Cruzadas para sempre, sem procurar a resposta no final da revista, e consultar todas as pessoas do mundo a respeito de nossas opções.

A falácia desse tipo de pensamento é que essa é uma análise de custo-benefício que deixa o custo completamente fora da equação. Com certeza, sempre é possível que mais trabalho possa ser proveitoso. Mas também é certo que mais trabalho vai exigir mais tempo e esforço do que se optássemos por gastá-lo de outro modo. A questão não é se mais trabalho na presente atividade poderia ser benéfico, mas *se ele realmente nos será mais proveitoso do que a mesma quantidade de trabalho investida em outra atividade.* Esse é o critério para descobrir a hora de parar.

A aplicação desse critério é mais clara em alguns casos do que em outros. Num extremo estão as situações em que o custo de mais trabalho na verdade é maior do que o possível benefício. Suponha que tenhamos de fazer nove paradas diferentes em uma saída para compras. A menos que planejemos a rota antecipadamente, acabaremos dando voltas desnecessárias. Mas se tentarmos descobrir a melhor rota, estimando o tempo que gastaríamos para todas as 362.880 possibilidades das nove paradas, certamente nossos cálculos vão demorar mais do que a quantidade de tempo economizada pelo resultado. Esse é o tipo de amplificação mais óbvio. Nem precisamos nos perguntar se existem investimentos mais proveitosos para o nosso tempo. Seria melhor não fazer nenhum investimento. Esse trabalho é pura perda de tempo.

Entretanto, não podemos afirmar que ouvir inúmeras opiniões a respeito de determinado assunto, como no caso da pesquisa sobre as universidades, poderá se transformar em amplificação. Mas deveríamos pelo menos saber que a hora de parar é quando percebemos que todas as ações realizadas parecem ser insuficientes e sem valor. Assim mesmo, poderemos estar enganados. Um pouco mais de trabalho poderia significar a diferença entre sucesso e fracasso. Estar livre das armadilhas mentais não significa ser onisciente. Mas temos mais probabilidade de errar quando ficamos presos a elas.

O trabalho pode ser amplificado horizontal ou verticalmente, até o infinito. Na *amplificação horizontal*, pensamos cada vez mais em subtarefas para realizar a fim de atingir nosso objetivo, como mais pessoas para entrevistar, outro ensaio do discurso, outro minuto para procurar uma palavra cruzada etc. Cada subtarefa adicional nos faz progredir menos que a anterior. O valor de nosso trabalho, todavia, nunca chega a zero. Portanto, continuamos a pensar que nosso trabalho é útil.

A *amplificação vertical* é mais intrigante. Para que a tarefa principal seja concluída, é preciso finalizar primeiro uma subtarefa cuja conclusão, por sua vez, requer a conclusão prévia de uma sub-subtarefa, e assim por diante. O desejo de transmitir o significado com precisão ao falar nos faz começar o discurso com uma expressão introdutória cujo objetivo é afastar mal-entendidos, facilitar a compreensão:

Não que eu insista nisso, mas...

Alguns minutos depois, percebemos que a própria introdução pode não ser muito bem compreendida. Então, iniciamos uma introdução à introdução:

Não que eu insista nisso, nem em qualquer uma das outras opções, mas...

É claro, a introdução à introdução também pode ser mal interpretada:

Não que eu insista nisso, nem em qualquer uma das outras opções. É claro, eu tenho preferências, mas...

Dessa forma, nós nos afastamos do objetivo de decidir o sabor da pizza e passamos a considerações sobre a origem dos contratos sociais, o significado da vida e a definição da palavra *definição*.

Suponha que tentemos decidir entre uma casa modesta ou uma luxuosa mansão tão sonhada. Nossa escolha depende em grande parte de nossa expectativa de segurança financeira no futuro. Mas não temos como saber se nosso futuro financeiro estará seguro até sabermos qual é a probabilidade de nossas finanças melhorarem a longo prazo, pois isso dependerá, por exemplo, de investimentos na bolsa de ações. Esses investimentos, por sua vez, dependerão da política de relações exteriores. A política de relações exteriores vai depender de um bom ambiente político nacional.

O resultado da amplificação vertical é um movimento paradoxal que se afasta cada vez mais do objetivo. Quanto mais trabalhamos, mais há o que fazer. Um verdadeiro abismo sem fundo abre-se entre o início e o final.

Em seu ponto extremo, a amplificação ocorre simultaneamente nas direções vertical e horizontal. A tarefa exige inúmeras subtarefas, cada uma das quais requerendo infinitas subtarefas para ser concluída, e assim por diante. Esses monstros mentais existem realmente? De onde mais vem a indecisão crônica? Se a indecisão não fosse nada mais do que encontrar as alternativas equivalentes, poderíamos simplificar a escolha jogando uma moeda para terminar a questão. Não haveria razão para *permanecer* no estado indeciso. Continuamos indecisos por não saber se as alternativas são equivalentes. Não podemos determinar seus valores e nos perdemos em cálculos sem fim.

A *acumulação* é uma forma sutil e especialmente traiçoeira de amplificação vertical. Caímos nessa armadilha quando nosso objetivo admite graus ilimitados de realização. Engravidar não admite graus: ou se está grávida, ou não se está. Tomar uma decisão também não tem graus: depois de decidir, o trabalho está concluído. Mas, se nosso objetivo for riqueza, fama, sabedoria, poder ou virtude, não há um sinal absoluto de realização. Um milionário será muito rico se comparado a um indivíduo que não tenha muitas posses. Entretanto, se o milionário buscar seus padrões de comparação entre os multimilionários, a situação será outra. A mesma relatividade afeta nossos julgamentos de sabedoria, poder e virtude. Se um morador de rua fosse elevado à posição do indivíduo de poucas posses, iria considerar-se um deus.

Mas só por um momento. Na verdade, nenhum tipo de poder poderá fazer com que nos *sintamos* poderosos por muito tempo, assim como nenhum tipo de reconhecimento continuará a ser vivenciado por muito tempo como grande fama. Alcançar qualquer grau desses objetivos indefinidos, em vez de sinalizar um fim para a nossa busca, inevitavelmente se tornará motivo para aumentar o nosso padrão de realização. Cada passo adiante fará com que o objetivo se mova um passo para trás. Portanto, nunca o alcançaremos. Muitas vidas baseiam-se inteiramente nessas jornadas infrutíferas.

O curioso fenômeno da *repetição* ocorre na amplificação, bem como em várias outras armadilhas. Em todos os casos, a manifestação externa é igual. Após terminarmos nosso trabalho, começamos tudo outra vez. Em um caso de amplificação, repetir uma determinada atividade ou situação nos fará chegar a um grau cada vez maior de certeza de que o trabalho de fato foi concluído. Afinal, sempre é possível que tenhamos deixado de levar algo em conta. Mesmo se nos lembrarmos de ter feito tudo, nossa memória poderá estar enganada. Então, fazemos de novo. Mas não conseguiremos chegar ao estado de certeza *absoluta*. A sensação é de que ainda podemos melhorar. Então, fazemos uma terceira vez. A repetição é uma amplificação horizontal infinita.

Uma outra situação acontece quando nos preparamos para uma viagem. Arrumamos as malas, conseguimos alguém para alimentar os bichos e colocar água nas plantas, desligamos o telefone, nos asseguramos de que as torneiras estejam fechadas, trancamos as janelas e as portas, ou seja, cuidamos de todos os detalhes. Contudo, talvez tenhamos nos esquecido de algo. Talvez as escovas de dente não estejam na mala. Então, revisamos os preparativos, um por um: escovas de dente, bichos, plantas, janelas, portas etc. Mas podemos ter cometido o mesmo engano duas vezes. A situação permanece a mesma. Assim, se antes estávamos inclinados a rever os preparativos, continuamos na mesma situação: escovas de dente, bichos, plantas, janelas, portas etc. Voltamos várias e várias vezes ao ponto de partida. Vamos para o aeroporto com os pensamentos repetindo o mesmo círculo vicioso: escovas de dente, bichos, plantas, janelas, portas; escovas de dente, bichos, plantas, janelas, portas e assim sucessivamente. Ao racionalizarmos a repetição, percebemos uma diminuição da probabilidade de erro. Em alguns casos isso é mesmo verdade. A possibilidade de ter cometido um erro em uma conta é consideravelmente reduzida se repetirmos o cálculo e obtivermos o mesmo resultado. Mesmo assim, temos de considerar a lei dos retornos decrescentes. Cada revisão de nosso trabalho acrescenta menos confiança do que a anterior. Valer ou não a pena revisar algo dez vezes, uma vez ou nenhuma depende evidentemente do custo de realizar a revisão, comparado ao benefício que é cada vez menor, ou seja, a relação custo-benefício. A pergunta que devemos fazer é se vale a pena examinar mais uma vez 100 cheques descontados para descobrir onde foram parar os onze centavos da diferença de nosso saldo bancário. Se a resposta for não, pode ser mais inteligente subtrair o valor de nosso saldo e encontrar algo melhor para fazer.

Além do mais, nem sempre é verdade que cada repetição diminui a incerteza. Muitas vezes nós já *temos* o maior grau de certeza humanamente possível. Nesse caso, a repetição não vale de nada. Por exemplo, se uma tarefa exigir algumas etapas a mais, é impossível perceber todos os estágios do trabalho de uma única vez. Quando passamos a guardar os artigos de higiene para a viagem, as roupas já não estão diante de nós. Temos de confiar na memória de que, quando *cuidamos* das roupas, julgamos que essa fase do trabalho foi concluída. Se tentarmos retomar a certeza da percepção imediata, revisando um estágio anterior do trabalho (as roupas), simplesmente perderemos de vista o estágio atual (os artigos de higiene). A maior certeza já foi alcançada quando nos lembramos de que *julgamos* os outros estágios do trabalho como concluídos. Não podemos mais ter a evidência direta de nossos sentidos para refazer esse julgamento. Mas não há nada a fazer sobre isso. Podemos ir e voltar entre um estágio e outro do trabalho e nossa incerteza residual permanecerá a mesma.

Também não será útil escrever tudo ou pedir a alguém que nos siga com uma câmera de vídeo, pois o que foi escrito ou gravado só pode ser lido ou visto como um item por vez. Quando chegarmos aos últimos itens, os primeiros já terão saído de nossa consciência. Portanto, voltamos ao ponto de partida, confiando em nossa lembrança de que tudo parecia em ordem quando estava diante de nós. Fazer uma lista pode nos ajudar a atingir esse máximo de confiança possível. Mas se já tivermos feito isso e repetirmos a lista, esperando chegar mais perto da certeza da percepção imediata, teremos caído em uma armadilha. Nós nos pegaremos lendo e relendo a nossa lista para ter certeza de que está tudo lá, do mesmo modo como repetimos mentalmente as atividades, sem a lista. A armadilha é a mesma. Só mudou o meio de expressão.

É especialmente comum cair na armadilha da repetição quando torna-se difícil confirmar se houve sucesso ou fracasso no objetivo. Quando vamos até a loja da esquina, não sentimos necessidade de refazer o caminho para confirmar se chegamos ao lugar certo. Mas se queremos ter a certeza de que somos amados por outra pessoa, todas as provas de amor serão insuficientes e o que nos restará é exigir a repetição delas. É por isso que algumas esposas pedem as mesmas provas e declarações de afeto repetidamente. E um marido ciumento pode literalmente refazer os passos da esposa, vezes e vezes sem fim, em uma vã tentativa de eliminar todas as possibilidades de traição.

Qualquer que seja a sua necessidade, essas pessoas não reconhecem a *inutilidade* de seus atos. Mas nada será conseguido ao passar repetidamente pelo mesmo ponto.

Ao rastrear as diversas formas de amplificação na vida cotidiana, às vezes devemos parar o que estamos fazendo e nos perguntar se o trabalho que estamos realizando é realmente necessário para os nossos objetivos. Um bom momento para fazer isso é quando percebemos que estamos trabalhando muito sem alcançar os resultados esperados. Mas, exceto quando há muito em risco, normalmente não é uma boa idéia tentar calcular os custos e os benefícios com exatidão matemática. De fato, essa atividade pode facilmente transformar-se em outra amplificação. É inútil nos envolvermos em questionamentos prolongados e infindáveis sobre o valor de uma atividade que dure três minutos. Faríamos melhor se usássemos os três minutos para terminar a atividade.

Muitas vezes podemos perceber as amplificações simplesmente pelas sensações que elas nos trazem. Como vimos, muitas tarefas amplificadas têm uma estrutura literalmente infinita, podendo-se voltar por diversas vezes à estaca zero ou uma coisa pode invariavelmente levar à outra. Esses padrões labirínticos de pensamento nos deixam confusos. Temos a sensação de estar em um carrossel ou caindo em um poço sem fundo. Sensações desse tipo são um sinal muito claro da armadilha da amplificação e, para isso, não existe análise de custo-benefício.

4

FIXAÇÃO

Na *fixação*, nosso progresso em direção ao objetivo está bloqueado. Não há como continuar antes de recebermos um telefonema, uma autorização, uma entrega de materiais, uma nova inspiração. Mas em vez de nos dedicarmos a outros assuntos, permanecemos imobilizados, esperando até que possamos continuar no mesmo projeto.

Na preparação para uma festa que vai acontecer às 20 horas, limpamos a casa, fazemos compras, tomamos banho e nos vestimos, arrumamos a mesa de comes e bebes. E tudo fica pronto às 19h30. O que fazer até a chegada dos convidados? *Poderíamos* usar esse intervalo para cuidar de pequenas tarefas que teremos de executar mais cedo ou mais tarde. Ou poderíamos desfrutar de um pequeno prazer. Mas não conseguimos enxergar esse intervalo como tempo livre e, na verdade, não podemos fazer nada para mudar isso. Contudo, conseguimos nos manter ocupados de qualquer modo. Como soldadinhos de pilha marchando de um lado para o outro, continuamos a cuidar de nosso projeto mesmo quando ele não precisa mais de nossa atenção. O fato de aguardar os convidados para o início da festa nos faz sentir a necessidade de ocuparmos a mente durante o período de espera. Visualizamos a chegada deles. Desejamos que já tivessem chegado. Observamos os movimentos dos ponteiros do relógio, marcando o tempo, até podermos entrar em ação novamente.

A fixação pode ser considerada um caso limitado de amplificação. Quando amplificamos, todo o esforço investido torna-se inútil, porque, em geral, após tanto trabalho, não alcançamos o resultado desejado. Já com a fixação, não existe *nada* a fazer, pelo menos no momento. E, ainda assim, continuamos. Para realizar a tarefa aparentemente impossível de continuarmos ocupados, inventamos atividades que tenham *relação* com o objetivo, mesmo que elas sejam totalmente inúteis.

Nem é preciso dizer que a fixação é uma perda de tempo. De fato, o nome coloquial para fixação é "matar tempo". Esse "crime" é cometido rotineiramente quando o progresso depende de uma mudança de circunstâncias que não podemos fazer acontecer — quando temos de esperar pela chegada dos convidados, pelo avanço da fila no caixa do supermercado, pelo movimento dos carros em um engarrafamento, pela hora de sair do trabalho ou da escola.

Em tais circunstâncias, olhamos fixamente para o relógio, contamos os minutos, brincamos com as mãos, olhamos distraidamente sem nos interessar pelo que vemos, reclamamos de nossa sorte e gastamos o tempo desejando que o período de espera tivesse acabado. Parece que o ato de olhar o relógio faz com que o tempo passe mais rápido, e a força de nossas reclamações e nossos desejos empurra a fila do supermercado.

Outro modo de ficarmos ocupados quando não há nada a fazer é repetir o que já foi feito. O anfitrião que espera a chegada de seus convidados pode verificar duas ou três vezes se os preparativos estão completos. Já encontramos a repetição como uma forma de amplificação. O comportamento é o mesmo, mas é ainda mais sem sentido no contexto da fixação. Quando a repetição é amplificadora, pelo menos esperamos obter mais certeza de que o trabalho foi feito adequadamente. Mas o anfitrião fixado não tem dúvidas sobre seus preparativos. Ele verifica novamente apenas para matar o tempo.

Se as repetições, os desejos e as reclamações acabarem, podemos observar o refinamento máximo da fixação — o estado de *suspensão*. Depois de termos esgotado todos os recursos para nos mantermos ocupados quando não há nada a fazer, ainda assim não desistimos. Em vez disso, ficamos sentados, ausentes, em um estado de paralisia mental. Mas essa ausência não é simplesmente uma ausência de pensamento. Por mais contraditório que pareça, a mente em descanso, ou seja, suspensa, está ao mesmo tempo vazia de conteúdo e plenamente ocupada. Sentimos a tensão do esforço mental. Estamos ocupados. Contudo, se nos pedirem para descrever o que estamos fazendo, não teremos nada a dizer.

Quando não podemos fazer nada de útil a favor de nosso objetivo, faríamos melhor se o esquecêssemos e nos voltássemos para outra coisa — mesmo que o objetivo seja muitíssimo importante. É preferível realizar qualquer outra atividade, mesmo que ela seja de menor importância, a meramente matar o tempo. Enquanto não temos condições de fazer algo construtivo em relação a salvar o mundo de um holocausto nuclear, por exemplo, tomamos uma xícara de chá. Quando estamos em uma fila, podemos observar as outras pessoas ou aproveitar um bom livro. Quando estamos presos em um engarrafamento, no trânsito, podemos fazer exercícios leves para alongar o corpo. Períodos de espera obrigatória muitas vezes são oportunidades preciosas de desfrutarmos os pequenos prazeres da vida para os quais nunca temos tempo. Finalmente temos uma oportunidade de tomar um banho demorado ou fazer uma caminhada sem rumo ou brincar com nosso cachorro ou conversarmos com uma criança a respeito das formas das nuvens e de como interpretá-las. Na fixação, jogamos fora o presente de um momento vazio.

Às vezes, as alternativas para matar o tempo são limitadas pelas circunstâncias. Então, não poderemos, por exemplo, observar as nuvens se estivermos em uma sala de espera que não tenha janelas. Mas uma opção que sempre está disponível é simplesmente não fazer nada. Isso, pelo menos, conserva nossas energias para o momento em que precisarmos delas. Quando não há nada a fazer, é desperdício manter a mente em atividade. Devemos aproveitar o momento em que a mente está livre do intenso "turbilhão de pensamentos" — planejar, esquematizar, criar hipóteses, avaliar — que a vida moderna nos traz diariamente. Certamente, é muito difícil ter um momento para apenas não fazer nada, deixando a mente suspensa, ausente. Mas permitir-se não pensar em nada que o aborreça ou o preocupe é renovador. Quando a mente está vazia, a consciência flui sem esforço com as mudanças infinitas oferecidas por um universo generoso. Até mesmo uma sala de espera pode nos proporcionar inúmeros deleites, como, por exemplo, uma mancha no teto que pode ser vista de outra maneira, as particularidades de um horrível papel de parede, o ritmo de passos apressados no corredor, o couro frio da poltrona etc. Quanto mais quietos ficamos, mais coisas observamos. Todavia, quando estamos suspensos, não somos cativados tão facilmente pelas cenas que passam. Estamos ocupados demais esperando.

A restrição que faz com que nos fixemos pode ser interna ou externa. Podemos simplesmente não saber o que fazer. Tentamos nos decidir se um simples conhecido deve ser convidado para a nossa festa ou se devemos pedir comida chinesa ou italiana. Passamos pelos procedimentos adequados a esse tipo de decisão — pesando os prós e contras, rezando pela orientação ou solução divina. E os dados mostram-se insuficientes para resolver a questão: os prós igualam-se aos contras. Então, reclamamos, desejamos e repetimos. Finalmente, caímos em estado de suspensão. Sentamos e olhamos para o problema sem enxergá-lo ou tentamos evocar uma solução repetindo as opções: frango xadrez, lasanha; lasanha, frango xadrez.

O que podemos fazer em uma situação como essa? Se a decisão não for urgente, podemos simplesmente deixá-la de lado por alguns momentos. Talvez chegue alguma nova informação que nos ajude a decidir ou talvez encontremos um novo procedimento de tomada de decisão. Contudo, nos fixarmos no problema não traz solução alguma. Pelo contrário, diminui a chance de encontrarmos uma saída que nos tire do impasse. Já, se formos para a cama e sonharmos, a chance aumenta.

A fixação não tem sentido mesmo quando não podemos adiar nossas decisões. Se tivermos de resolver algo imediatamente, será melhor agirmos de modo arbitrário do que ficarmos sentados olhando para o nada. Se não soubermos responder uma pergunta em um exame, por exemplo, o que nos resta é "chutar". É claro que a decisão arbitrária poderá ser errada. Mas ficar preso na armadilha da fixação não diminui esse risco. Então, é melhor parar de perder tempo e tomar logo a decisão que oferece um resultado claro: tirar cara ou coroa.

A variedade mais problemática da fixação é, sem dúvida, a *preocupação.* Preocupar-se é pensar inutilmente a respeito de um possível infortúnio que não podemos evitar. Perdemos uma pasta no ônibus e temos de esperar até a manhã seguinte para verifica no setor de achados e perdidos. Enquanto isso, não há absolutamente nada que possamos fazer. Mas nossos pensamentos voltam repetidamente à mesma questão. Ficamos *imaginando* se a pasta será encontrada. *Esperamos* que seja encontrada. *Desejamos* não tê-la perdido.

Todos nós já ouvimos que não adianta nada se preocupar. A preocupação não traz nada, a não ser deixar-nos infelizes. Ao contrário de outras armadilhas, essa é amplamente reconhecida quando a vítima é outra pessoa. Quando a preocupação é nossa, não somos capazes de enxergá-la como algo inútil e pouco inteligente. Sem realmente nos darmos conta disso, temos a sensação supersticiosa de que os problemas automaticamente ficarão piores caso não os coloquemos no primeiro plano de nossa consciência. Todo infortúnio em potencial é visto como um adversário à espreita que vai nos esfaquear assim que virarmos as costas. Ou talvez tenhamos de sofrer agora para aplacar deuses sedentos de sangue. De qualquer modo, a preocupação não é o caminho.

Os momentos que passamos esperando por algo — o toque da campainha, o início do programa, a chegada de boas ou más notícias, a vinda do ônibus, a movimentação do trânsito, o fim do discurso enfadonho — totalizam uma parcela considerável da vida. Mas além desses episódios transitórios, podemos também ser afligidos por uma atitude de *fixação estendida* que pode durar dias ou semanas. Paramos de realizar trabalho útil quando as férias de verão se aproximam, assim como paramos de aproveitar nossas férias bem antes do momento de voltar a trabalhar. A sombra do próximo estágio já caiu sobre nós, e somos paralisados pela espera. É a fixação na segunda-feira que torna mais difícil aproveitar a noite do domingo do que a de sexta-feira.

O evento esperado pode até estar perdido na névoa do futuro distante. Mas a tendência é que fiquemos, dia após dia, ansiosos pela chegada do tão esperado acontecimento. Com isso, não nos permitimos ser totalmente cativados por nada que aconteça no presente, porque o presente não importa de fato. Ele é apenas uma atração preliminar, algo para passar o tempo até o show verdadeiro começar. Quando tivermos nosso diploma, quando as crianças crescerem, quando recebermos a herança, quando nos aposentarmos, quando todas as obrigações que nos impedem de realizar o desejo de nosso coração estiverem fora do caminho e tudo estiver resolvido, então vamos começar a viver. Mas há muito tempo para matar até que chegue esse momento dourado. Enquanto isso, ficamos agitados e impacientes desde a manhã até a noite.

Enquanto esperamos o início do verdadeiro show, toda a nossa vida pode passar por nós como um sonho sem substância. Nosso trabalho nunca é a nossa vocação. Nossos prazeres são falsos. Os relacionamentos são passageiros. Tudo o que fazemos serve apenas para matar o tempo. Talvez nem saibamos o que estamos esperando. Na armadilha da *fixação vazia*, esperamos ansiosa e impacientemente por um destino que não podemos nem definir. Não sabemos o que seremos quando crescermos, e nunca crescemos. Só temos certeza de que ainda não nos tornamos quem realmente somos.

Mas nunca precisamos esperar para *nos tornarmos* quem somos. Já somos nós mesmos, e esta já é a nossa vida. Um príncipe não é apenas um futuro rei, uma menininha não é apenas uma futura mulher. Príncipes, crianças, estudantes, aprendizes, autores não publicados, artistas amadores e executivos juniores já são algo definido e completo. Todas as alegrias e tristezas da vida já estão disponíveis a eles.

Há uma grande ironia oculta na fixação estendida. Quando finalmente nos tornarmos o que esperamos tanto para ser, poderemos ser tomados pela nostalgia dos bons tempos.

Cuidado, não existem preliminares para a vida. Ela começa agora.

5

REVERSÃO

Algumas vezes fica claro que nossos planos falharam irremediavelmente. O jogo acabou e nós perdemos. As conseqüências do fracasso podem ser terríveis. De qualquer modo, não há mais nada a fazer. Nossos movimentos estão esgotados; o prazo já foi ultrapassado. Se continuarmos a nos ocupar com esse assunto, cairemos na armadilha da *reversão.*

Escolhemos um filme no jornal, organizamos a noite com a certeza de que dará tempo para assisti-lo, pegamos um táxi até o cinema e descobrimos que o filme saiu de cartaz. Ou pegamos um engarrafamento inesperado e chegamos atrasados. Caso decidamos entrar no meio da sessão ou façamos algo totalmente diferente, nossos pensamentos poderão voltar repetidamente ao programa que não deu certo. Naturalmente, esse pensamento não mudará nada. Será pura perda de tempo.

A reversão é o oposto temporal da fixação. Na fixação, trabalhamos furiosamente para chegar a um futuro que não pode ser apressado. Na reversão, trabalhamos para mudar o passado imutável. Vemos que a maioria dos fenômenos da fixação tem uma imagem de espelho na reversão. Contudo, existe uma diferença importante. Quando o futuro, caminhando em seu próprio ritmo, finalmente chega, a fixação termina. Temos o que desejávamos. Mas a reversão nunca chega ao fim. Podemos reverter a antigas decepções e mágoas pelo resto da vida e, ainda assim, o passado permanecerá o mesmo. Nosso desejo de alterá-lo é eternamente irrealizável. A passagem do tempo vai nos curar da fixação. Mas temos de nos livrar sozinhos da reversão.

A fixação e a reversão têm um problema estratégico em comum: como ocupar-se com um projeto quando não há nada a fazer. Na fixação, nosso trabalho ilusório consiste na espera ativa, observando o relógio, marcando o tempo. Essa estratégia é inadequada para a reversão, porque não há nada a esperar. Tudo já aconteceu. Nesse caso, o problema de como se manter ocupado é resolvido com um lance muito elegante. Inventamos um universo fantasmagórico de eventos no futuro do pretérito — de deveria ter sido a deveria ter feito — no qual podemos trabalhar arduamente na questão que não mais existe, pelo tempo que quisermos. Sem poupar esforços e engenhosidade, criamos planos de como deveríamos ter conquistado o rapaz ou a garota de quem não ousávamos nos aproximar no colégio. Provamos com uma precisão inquestionável que deveríamos ter recebido uma herança que foi dada a outra pessoa.

A reversão é a síndrome do "deveria".

Nem todo pensamento sobre o passado é reversão. Podemos ter um interesse de historiador ou de romancista em analisar o que já passou. Ou rever o passado para não repetir os mesmos erros e simplesmente nos divertir fantasiando sobre o que poderia ter acontecido. Esses casos são fáceis de distinguir da verdadeira reversão. Quando estamos presos na reversão, nossos pensamentos ainda se voltam para a conquista do alvo perdido. Agimos como se o obstáculo à gratificação ainda estivesse diante de nós em vez de atrás de nós, como se ele pudesse ceder se nós nos esforçássemos mais. É claro que não acreditamos conscientemente nisso. Somos guiados por uma crença inconsciente.

Entretanto, quando nosso interesse no passado é histórico, literário, prático ou de diversão, deixamos para trás o alvo antigo e miramos um novo. Divertirmo-nos com lembranças da época de escola a respeito de uma vontade de ser popular entre os colegas, que é algo muito diferente de sofrermos com o fato de não *termos sido* tão rodeados de amigos durante o período escolar. O primeiro é um prazer suave, o segundo é sofrimento doloroso. As idéias específicas que passam por nossa mente podem até ser as mesmas nos dois casos: "Se eu a tivesse convidado para o baile...", "Se eu não tivesse sido tão gorda...". Mas só na reversão esses pensamentos são usados a favor de uma campanha fútil para alcançar o que não mais existe.

Na reversão e na fixação, muitas vezes liberamos nosso descontentamento. Na reversão, resmungamos incessantemente a nossos companheiros de teatro sobre o fato de termos chegado atrasados. Na fixação, resmungamos por chegarmos cedo e termos de esperar. Essas queixas são inteiramente inúteis. Mas nem toda queixa é vã. Devemos saber distinguir entre *queixa* e *lamento*. Queixa é uma palavra mais geral, que se refere a qualquer expressão de desagrado com o curso dos acontecimentos. Lamento é a queixa sobre o que não pode ser mudado. As queixas que não são meros lamentos podem ser úteis para conseguir as coisas. É por isso que existem departamentos de reclamação. Mas não haveria motivo para existirem departamentos de lamentação, onde as pessoas fossem reclamar de destinos inalteráveis.

No entanto, existem instituições religiosas e psicoterápicas que façam o seu trabalho nos serviços de lamentação. O motivo de seu êxito é fácil de entender. Os clientes finalmente se cansam de lamentar-se e vão cuidar de outras questões, e então a sensação de bem-estar é atribuída ao poder da lamentação. Mas eles poderiam ter se sentido bem desde o início, se tivessem deixado de lado o estágio da lamentação e se voltado para as outras questões da vida. É claro, a maioria das pessoas tem dificuldade em fazer isso. O hábito de ruminar os infortúnios passados é tão profundamente arraigado quanto o hábito de se preocupar com o futuro. Muitas vezes, a tentativa de se voltar para outras atividades é malsucedida. Tentamos desfrutar da companhia do namorado que temos, mas somos assombrados pelo rosto daquele que perdemos. A lamentação não é a cura para o nosso problema. Ela é a doença.

A reversão é uma armadilha perigosa tanto nas grandes calamidades quanto nas pequenas decepções. Mesmo após a morte de pessoas queridas, apesar de muito sofrimento, existem ainda pratos a serem lavados, cartas a serem escritas, crianças para ouvir histórias e bons livros para ler; enfim, a vida continua. Se assombrarmos o resto de nossa vida com lamentações, as vítimas não serão beneficiadas. Isso não quer dizer que os mortos devam ser esquecidos. A memória deles é um bem precioso e estaríamos literalmente mais pobres se deixassem de aparecer e desempenhar um papel em nossa vida interior. Essa percepção é a única que tem sentido. Os mortos não se beneficiam de nossos "deveriam ter sido" ou "deveriam ter feito", de nossas lamentações, de nossa culpa por sermos sobreviventes. E nós também não.

Ainda assim, uma vida sem armadilhas mentais não é uma vida sem sofrimento. Sofremos por não conseguirmos impedir um sofrimento. E a dor dos outros nos fere por empatia. A sobrevivência dos indivíduos e do grupo social depende desses mecanismos. Mas de nada serve compensar a dor da ofensa com a dor auto-infligida da reversão. Quando estamos imobilizados devido a uma perna quebrada, já estamos desconfortáveis e sofrendo o bastante para sermos importunados por pensamentos sobre o que poderíamos ter feito para evitar o acidente, por exemplo. Ele já aconteceu.

A *culpa* é a armadilha de reversão para um fracasso moral; a *vergonha* é uma reversão a um fracasso em conseguir manter uma imagem de nós mesmos. Sentimos culpa por ter causado o sofrimento de uma criança; sentimos vergonha por pensarem que somos uma pessoa que fez uma criança sofrer. Nem é preciso dizer que essas atividades não são mais úteis do que qualquer outra forma de reversão. O ato foi realizado. Talvez devêssemos tomar mais cuidado para evitar que esses acontecimentos se repitam ou talvez devamos mudar nossos princípios morais ou nosso autoconceito. Contudo, repensar repetidamente sobre o que foi feito e por que não deveríamos tê-lo feito é perda de tempo.

A culpa e a vergonha são as reversões mais problemáticas, do mesmo modo que a preocupação é a fixação mais inquietante. Existe uma diferença curiosa em nossas atitudes em relação à culpa, por um lado, e a vergonha e a preocupação, por outro. Como vimos, a preocupação é uma armadilha. Também é cada vez mais raro encontrar quem acredite no valor da vergonha. Mas a culpa ainda possui defensores fervorosos.

O argumento antigo é que a culpa funciona como um impedimento a que se cometa o mesmo erro novamente. Presume-se que a culpa funciona como a dor de colocar a mão no fogo. Depois de termos sofrido queimaduras, não estaremos prontos a colocar a mão em uma chama novamente. Da mesma forma, o medo da culpa supostamente nos motiva a evitar um comportamento inadequado. Mas essa analogia rompe-se em um ponto crucial. A dor acontece por si mesma quando se coloca a mão no fogo, independentemente de nossa vontade. A culpa, todavia, é um sentimento causado por nós mesmos.

As diferentes sensações associadas com a culpa são criadas e mantidas por nossos pensamentos intencionais e culpados. Se não mantivéssemos o erro em mente, as sensações deixariam de existir. A dor da culpa, portanto, é mais similar à dor de um tapa auto-infligido do que à da queimadura. *Escolhemos* fazer isso. Mas então como pode o medo da culpa ser um motivo para evitar-se o comportamento inadequado? Se a única razão para nos privarmos de uma prática imoral fosse evitar um tapa auto-infligido, *não nos privaríamos* dela. Simplesmente optaríamos por não nos estapear. E se nosso único motivo para a abstinência fosse o medo da culpa, poderíamos optar por não senti-la. O medo da culpa não pode ser responsabilizado pela culpa que sentimos, do mesmo modo que a direção descuidada pode ser explicada pelo medo de acidentes.

Existe um contra-exemplo aparente ao princípio de que a culpa é um produto de nosso próprio pensamento. Em casos de depressão grave, as pessoas às vezes se sentem culpadas sem conseguirem dizer o que fizeram de errado. Elas sabem apenas que foram desmerecedoras. Essa *culpa vazia* é a contrapartida exata, no passado, de uma fixação no futuro. Na fixação vazia, esperamos impacientemente por uma glória futura que nem mesmo podemos nomear. Na culpa vazia, revertemos a uma falha passada inespecífica. Mas mesmo nesse caso, a culpa é sustentada pelos pensamentos. Não podemos dizer o que fizemos de errado, mas achamos que devemos ter feito *algo* de errado. Ou alimentamos idéias gerais de desmerecimento. É claro, podemos não ter consciência de nossos pensamentos culposos e nos sentir cansados, desatentos, agitados ou tensos sem pensar que talvez todas essas sensações tenham sido trazidas pelo sentimento de culpa. No entanto, é fato que, quando agimos de modo imoral, sentimo-nos culpados. Mas a culpa não surge do nada. Nós a criamos por meio de nossos pensamentos. Impomos esse sofrimento a nós mesmos por uma estratégia de autogerenciamento automática, geralmente inconsciente e inteiramente equivocada. Punimos nossa imoralidade por meio da culpa, de modo que possamos ser alertados para não transgredir novamente. Ou seja, tratamos a nós mesmos como se fôssemos outra pessoa cuja vontade pudéssemos dobrar conforme a nossa. As características dessa estratégia são exatamente iguais às de uma tentativa de parar de fumar em que déssemos um tapa no rosto toda vez que acendêssemos um cigarro. O procedimento não teria como trazer bons resultados, do ponto de vista de nossos valores. A punição auto-administrada ou proporciona uma perda de valor menor do que a da própria imoralidade ou traz uma perda maior. Vamos examinar essas duas possibilidades.

Se a punição for menos pesada do que a imoralidade do ato, é impossível se obter sucesso. Porque, provavelmente, a infelicidade causada por cometer o erro mostra-se insuficiente para fazer-nos mudar. Como então pode o menor desconforto da punição obter qualquer efeito? Se um tapinha gentil pudesse nos fazer parar de fumar, então os efeitos mais adversos do próprio fumo teriam de ser ainda mais eficientes. O tapinha seria supérfluo. Do mesmo modo, uma pequena dose de culpa só pode ser mais fácil de suportar do que a violação de nosso senso moral. Se a imoralidade do ato não nos convence, um pouquinho de culpa também não vai funcionar.

Se, contudo, a punição for mais temível do que o erro, ela pode ser efetiva, mas, por definição, teríamos perdido mais do que ganhado. Logo pararíamos de fumar se cada cigarro causasse uma dolorosa tortura. E abandonaríamos nossa imoralidade se ela resultasse em uma dose insuportável de culpa. Mas quem tomaria voluntariamente um remédio que nos deixasse mais doentes do que a doença original? Coagir os *outros* desse modo pode estar de acordo com nossos valores, mas certamente não desejaríamos fazer isso a nós mesmos. Se a punição auto-administrada fosse pior do que o erro, seria melhor aceitar o mal menor do erro.

Resumindo, a culpa ou é ineficiente ou nos faz perder mais do que ganhar. De qualquer modo, ela é uma armadilha.

Mesmo nas vidas mais afortunadas, um número infinito de valores possíveis deixa de ser concretizado. Existem pessoas que nunca conheceremos e que seriam excelentes amigos, opções de carreira que nunca teremos e nas quais seríamos muito bem-sucedidos, ilhas paradisíacas que para sempre permanecerão desconhecidas. Mas não lamentamos essas omissões em nossa vida. A mera ausência de um valor não é o bastante para nos mergulhar na reversão. Temos primeiro de formular o valor ausente como uma aspiração que seria mais elevada do que o rumo real dos acontecimentos. Ruminamos apenas aquilo que desejamos. A não-ocorrência de um valor potencial deve ser concebida como uma *falta* palpável em nossa realidade antes de revertermos a ela.

Mas essa distinção entre a mera não-ocorrência e a falta palpável é um ato de mágica mental. Quando a visita esperada de um amigo não se concretiza, pensamos que perdemos algo e ficamos desapontados. Se não o esperássemos, contudo, a mera não-ocorrência de sua visita teria sido imperceptível. Na realidade, as duas situações são exatamente iguais: não houve visita. Quando permanecemos presentes naquilo que realmente *existe*, não pode haver decepção, pois as não-ocorrências não existem. Com certeza, elas *poderiam* ter existido. *Poderíamos* ter recebido uma visita de um amigo. Mas o amigo poderia ter vindo mesmo que não o esperássemos. Não é a não-ocorrência que nos deixa infelizes, nem a verdade do futuro do pretérito. Então, o que é? Poderiam existir fadas madrinhas, neve multicolorida e almoços gratuitos. A partir de um número infinito de não-ocorrências das quais poderíamos gostar, como é feita a escolha das lamentações?

A definição de decepção é radicalmente arbitrária. Por um ato ilógico, rotulamos algumas não-ocorrências desejáveis como coisas que nos fazem falta e ignoramos um número infinito de outras não-ocorrências desejáveis. Podemos nos considerar infelizes quando nossos investimentos na Bolsa de Valores não nos trazem o rendimento esperado. Entretanto, não encontramos nenhum dinheiro na rua, nenhum estranho veio a nós com um presente em dinheiro, um maço de notas não se materializou repentinamente em nosso bolso. Todas essas não-ocorrências têm o mesmo resultado final. Mas só consideramos uma como decepção.

Como as decepções são dolorosas e definidas ao acaso, por que não definimos arbitrariamente que elas não existam? A não-visita de um amigo e a não-renda da Bolsa de Valores têm exatamente o mesmo status que a não-existência de fadas madrinhas. São jogos com palavras. O que chamamos de decepção não é mais do que uma parte das condições presentes sob as quais devemos agir. Não ter ganhado dinheiro na Bolsa é o mesmo que não ter investido. Perder dinheiro é o mesmo que nunca tê-lo tido. Por que importa o modo como chegamos onde estamos? Estamos aqui.

A menos que deixemos de pensar no futuro do pretérito, é apenas uma questão de tempo até sermos engolidos pelo arrependimento perpétuo. Nosso estoque de falhas irremediáveis não pode ser diminuído para apenas uma. Portanto, é uma certeza matemática o fato de que as oportunidades para reversão vão aumentar com o passar dos anos. Quando envelhecermos, estaremos totalmente absorvidos na urgente contemplação do fundo cada vez mais abundante dos "poderiam ter sido" e "deveriam ter sido feitos". Se tivéssemos entrado para a Faculdade de Medicina! Se ao menos tivéssemos nos casado! Se pelo menos morássemos em Paris! Se não perdêssemos tanto tempo com arrependimentos!

6

ANTECIPAÇÃO

Em todas as armadilhas tratadas até agora, o erro de trabalhar demais esteve sempre presente. Quando persistimos, trabalhamos em um objetivo que perdeu seu valor; quando ampliamos, trabalhamos mais do que o necessário para atingir nosso objetivo; na fixação, trabalhamos em nosso objetivo quando não há nada mais que deva ser feito; e, na reversão, trabalhamos em um objetivo que já está fora do nosso alcance. Mas trabalhar demais é apenas o primeiro dentre os quatro erros principais. Qualquer que seja o nosso objetivo, podemos trabalhar demais ou de menos e podemos fazê-lo tarde ou cedo demais. Parece que fazemos a imperceptível suposição de que, quanto mais trabalharmos em nossos projetos e quanto mais cedo começarmos, melhor será o resultado.

A *antecipação* é a armadilha de começar cedo demais. É verdade que se começarmos tarde demais, talvez não tenhamos tempo suficiente para terminar. Mas também existem penalidades por se começar com extrema antecedência. Quando antecipamos, ficamos vulneráveis a *trabalhar em excesso, trabalhar prematuramente* e a *trabalhar em vão.*

Trabalhamos em excesso se iniciarmos agora quando o mesmo resultado pode ser alcançado com mais facilidade se começarmos depois. Eis um exemplo que descreve claramente a natureza dessa armadilha, principalmente para as mulheres. Se alguém a convidar para passar um fim de semana na praia, com um mês de antecedência, certamente sua mente já começará a trabalhar com todas as variáveis de roupa que quer levar. Caso aguardasse até três dias antes do passeio para aprontar a mala, saberia já da previsão do tempo e perderia muito menos tempo pensando nisso ou tendo de refazer a mala. Assim, trabalhamos em excesso. Nesse caso, o trabalho excessivo é tão transparente que só os mais aprisionados à armadilha o fariam. Entretanto, muitos de nós seríamos incapazes de resistir ao fato de pensar pelo menos um pouco na mala no decorrer do dia. Metade desses pensamentos vai se mostrar inútil.

É claro, nem sempre os resultados são os mesmos se deixamos para depois. Pode nem haver tempo suficiente para terminar o trabalho adequadamente. Então, não é uma armadilha agirmos antes, pois começar mais tarde pode colocar em risco o resultado. Mas muito do que fazemos no dia-a-dia poderia também ser feito em outro momento. Daria na mesma colocar uma carta na caixa de coleta dos correios na segunda-feira de manhã ou no domingo, se não houver serviço postal nos fins de semana. O resultado seria exatamente o mesmo. Nesse caso, o momento ótimo para agir será quando esse resultado invariável puder ser obtido com o menor custo de tempo, energia e recursos. Se o custo é o mesmo no decorrer de um período de tempo, então qualquer momento durante esse período será igualmente bom para realizar a tarefa. Mas, muitas vezes, acontece que alguns momentos são mais oportunos para a ação do que outros. Se vamos passar por uma caixa de coleta dos correios na segunda-feira, por exemplo, seria antecipação ir até a caixa de coleta dos correios no domingo. Do mesmo modo, geralmente não existem vantagens em fazer a mala — ou mesmo pensar sobre as roupas — em uma viagem programada, antes de ver a previsão do tempo. Portanto, devemos esperar até que a tarefa se simplifique por si só.

Essa análise não se aplica à atividade que tenha qualquer outro propósito. Se colocarmos a carta na caixa de coleta dos correios no domingo porque queremos aproveitar o belo dia para dar uma caminhada, nosso tempo não foi desperdiçado, mesmo que passemos pelo mesmo lugar na segunda-feira de manhã. Ficamos felizes por ter esse pretexto para sair. E fazer o que gostamos nunca é uma armadilha.

Esperar o tempo certo para iniciar uma atividade permite que recebamos novas informações para evitar possíveis problemas. Antes de assumirmos qualquer compromisso, precisamos considerar as diversas alternativas existentes. Becos sem saída podem revelar-se antes mesmo de tentarmos abrir passagem por eles. Podemos receber um novo instrumento que facilite o trabalho. Acima de tudo, como existem conjuntos de possibilidades dentro de realidades únicas, existe uma diminuição constante no número de circunstâncias que precisamos levar em conta. Em vez de dois possíveis climas para o fim de semana, temos apenas um clima real. Em vez de dez opções vocacionais compatíveis com o que conhecemos de nossos interesses quando estamos na sexta série, existem apenas duas entre as quais devemos optar ao terminar o Ensino Médio. Por isso, pode ser muito recompensador esperar o devido momento para agir. Isso não quer dizer que devemos deixar tudo para o último minuto. Se quisermos viajar para a Ásia, não podemos atrasar nossos preparativos até o dia da partida. Esse é um caso em que simplesmente existem coisas demais a ser feitas. Temos de obter passaportes, atestados de vacina e cheques de viagem, tirar férias do trabalho, encontrar quem cuide do gato. É verdade que depois poderemos descobrir maneiras mais fáceis de realizar algumas dessas tarefas. Contudo, a menos que queiramos correr o risco, podemos perder a chance de viajar. Mas se parte do trabalho *puder* ser adiada sem colocar em perigo a sua finalização e seu tempo de realização, então essa parte *deve*, sim, ser adiada para, assim, ganharmos a vantagem de basear nossos atos em informações mais atualizadas.

Trabalhar em excesso antecipadamente está intimamente ligado ao fenômeno da amplificação. A diferença está no arranjo temporal de alguns eventos. Quando trabalhamos em excesso devido à antecipação, o mesmo trabalho pode ser feito com menos esforço se esperarmos por um momento mais propício. Quando amplificamos, a mesma tarefa pode ser feita com mais facilidade neste momento.

A antecipação pode levar ao *trabalho prematuro* se houver uma chance de que ele seja desfeito pela mudança das circunstâncias. Depois de arrumar prematuramente a mala, uma terceira opção imprevista acontece: o cancelamento da viagem. Não só trabalhamos mais do que o necessário, como também, nesse caso, nosso trabalho perde o valor. Daria no mesmo se tivéssemos ficado assistindo à televisão.

É claro que nunca poderemos estar totalmente livres de que nosso trabalho venha a ser desfeito pela mudança das circunstâncias. Podemos fazer, quando jovens, pesquisas detalhadas comparando algumas cidades para morarmos após a aposentadoria, mas é possível que as características desses locais mudem totalmente a qualquer momento e todos os nossos planos vão por água abaixo. Não importa quanto esperemos antes de agir, o universo ainda pode puxar o nosso tapete no último minuto. Mas não há razão para aumentar esse risco sem qualquer esperança de compensação. Se adiarmos muito, seremos penalizados, mas, se o preço pelo adiamento não for muito alto, podemos deixar o trabalho para depois. Ao permitir que o universo manifeste seus planos antes de agirmos, diminuímos a probabilidade de nosso trabalho ser inutilizado.

Um tipo peculiar e extremo de trabalho prematuro acontece na *antecipação existencial*. Caímos nessa armadilha quando fazemos julgamentos sobre a natureza ou a qualidade de nossa vida como um todo. Se quisermos ter uma vida feliz ou significativa o bastante, não poderemos permitir que nossos objetivos se percam pelo caminho nem considerar que já foram totalmente alcançados até que a vida tenha chegado ao fim. Nosso destino pode ter sido desanimador até agora, mas amanhã tudo poderá mudar. E um sentimento atual de satisfação pode ser destruído da noite para o dia. Um antigo provérbio grego diz: "Não diga que nenhum homem é feliz até que ele esteja morto". Enquanto estamos vivendo não podemos ter o julgamento final da qualidade de nossa existência. Portanto, nunca poderemos ter de fato essa análise. Mas nós sempre antecipamos o julgamento final. E assim também fazemos ao lidar com um problema, tomamos atitudes de maneira antecipada, sem obter todas as informações sobre o assunto.

Como nossas avaliações existenciais estão para sempre fadadas a serem desfeitas, é sempre cedo demais para fazê-las. Se essas avaliações perpetuamente prematuras forem favoráveis, só perderemos tempo em cálculos inúteis. Mas se forem desfavoráveis, o resultado poderá ser devastador. As avaliações prematuras negativas de toda a vida são a característica central da depressão crônica. No extremo, elas levam ao mais antecipado dentre todos os atos: o suicídio. O suicida olha para o corredor do tempo, até o fim, e não encontra nada que faça a vida valer a pena. Mas ele não percebe que essa informação pode mudar. Mesmo que seu desespero venha de uma dúvida existencial relativa ao propósito essencial da existência humana, é possível que essa dúvida seja resolvida de um modo não imaginado amanhã, no ano que vem ou daqui a vinte anos. Contudo o suicida decide agora que isso nunca acontecerá. Para proferir tal julgamento sobre toda a sua vida e de suas possibilidades, teria de enxergá-la de um ponto além de sua morte. Assim, ele chegaria ao estágio final de ir à frente de si mesmo.

As questões sobre a natureza da vida, consideradas de modo geral, são sempre prematuras, porque nunca terminamos de viver. Isso não quer dizer que não devamos fazê-las. Afinal de contas, esses são tópicos fascinantes para análise e hipóteses, mas sempre é cedo demais para uma resposta definitiva.

A terceira penalidade da antecipação é ter *trabalhado em vão* porque o valor do objetivo perdeu-se antes de o atingirmos. Compramos ingressos para assistir a um filme no cinema com uma semana de antecedência, mesmo sabendo que todas as sessões têm ainda muitos lugares vagos. E, no dia marcado, ou temos de sair da cidade, ou ficamos doentes, ou lemos uma crítica devastadora sobre o filme e perdemos todo o interesse. Ficamos então com ingressos sem utilidade. Nesse caso, não se trata de ter trabalhado mais do que o necessário para atingir o objetivo nem de precisar refazer o trabalho para alcançar a meta. Continuamos a possuir o que obtivemos, mas ele perdeu o valor. Não havia necessidade de fazer nada. Trabalhamos em vão. Se todas as sessões estivessem lotadas, teríamos decidido arriscar ou desistiríamos da idéia logo de início, mas, como estavam vazias, não teríamos corrido nenhum risco se adiássemos a compra até o último minuto. Não é o fato de ter trabalhado em vão que torna a ação antecipatória. É ter aumentado o risco de trabalhar em vão sem necessidade.

Nossos esforços acabam sendo inúteis porque, muitas vezes, os problemas são naturalmente resolvidos. É como se, depois de pensar sobre o que dizer a um garçom desatento que não veio à mesa em cinco minutos, depararmo-nos com desculpas e sorrisos. Ou depois de lutar anos a fio para nos tornarmos independentes financeiramente, de repente herdarmos uma fortuna. Nossos pensamentos e nossa luta foram em vão. Como no caso do risco de ter o trabalho desfeito, nunca é possível eliminar completamente a possibilidade de que o objetivo perca seu valor antes de o alcançarmos. Novamente, não há porque aumentar esse risco desnecessariamente. Não nos custa nada ignorar um garçom desatento até de fato termos de confrontá-lo. Ao fazermos o trabalho cinco minutos antes, deixamos de considerar a possibilidade de o problema desaparecer sem que precisemos mover sequer um dedo. Entretanto, é perigoso confiar na esperança de receber uma herança incerta. Se o garçom persistir em nos ignorar, não estaremos em pior condição por esperarmos até o último momento para lidar com a situação, mas podemos enfrentar muitos problemas se a herança com a qual contávamos não for deixada para nós.

Trabalhar em vão relaciona-se muito com a armadilha da persistência. Como no caso do trabalho excessivo e da amplificação, a diferença refere-se ao tempo. Quando persistimos, trabalhamos em direção a um objetivo que já perdeu o valor. Quando trabalhamos em vão, esforçamo-nos em direção a uma meta que perderá o valor antes de ser atingida. Contudo, tomamos consciência da inutilidade do esforço só depois do fato ocorrido. A armadilha está em aumentar a probabilidade desse acontecimento sem necessidade.

Existem circunstâncias que parecem facilitar vários tipos de pensamentos presos em armadilhas. Uma delas ocorre quando confrontamos um perigo que não temos como impedir. Nessa situação, podemos nos preocupar inutilmente com a adversidade que se aproxima e, nesse caso, caímos na armadilha da fixação. Também podemos realizar alguma forma de antecipação que nos faça trabalhar em vão. Na *resignação prematura,* trabalhamos com nossos pensamentos e sentimentos para sermos capazes de aceitar com equanimidade, ou seja, com equilíbrio emocional, o acontecimento temido. Ameaçados com a obrigação de participar de um evento profissional desagradável, o melhor a fazer é nos confortarmos com o pensamento de que a noite terminará logo e que o dia seguinte logo virá. Ou seja, nós nos resignamos com nosso destino antes de ele acontecer.

A resignação prematura, sem dúvida, é menos desgastante do que a preocupação. Se o pior acontecer, vamos nos sentir melhor por termos nos resignado. Mas o pior pode não ocorrer, ou porque o evento pode ser cancelado ou porque nossa presença pode ser dispensável, e então toda a nossa inquietude terá sido à toa e nosso trabalho, em vão.

Esse trabalho não se transformará em armadilha se puder ser adiado sem problemas. Talvez a calamidade que se aproxima nos deixe em um estado tão frágil que não tenhamos mais os recursos internos para aceitar nosso destino. Nesse caso, temos de avaliar a vantagem relativa da resignação antes da possibilidade de trabalhar em vão. Mas, de modo geral, é muito fácil nos resignarmos tanto depois quanto antes do fato. Se um parente chato nos faz uma visita sem avisar, pega uma bebida e acomoda-se em nosso sofá, podemos pedir licença por um momento, ir para o quarto a fim de fugir um pouco da desagradável situação. Certamente, se criarmos o hábito de sempre nos prepararmos para o pior, vamos trabalhar em vão com muito mais freqüência do que o necessário. Geralmente há tempo suficiente para aceitar nossa sorte quando ela finalmente acontece. Em vez de ficarmos preocupados e angustiados por sempre prever o pior, agiríamos melhor se não fizéssemos nenhuma suposição e simplesmente continuássemos "tocando" nossa vida. Se o pior acontecer, então veremos como lidar com ele.

A antecipação tem uma importante característica em comum com a armadilha da fixação. Nas duas armadilhas, nos preocupamos desnecessariamente com o futuro. A diferença é que na fixação simplesmente ficamos presos ao futuro sem tentar fazer nada de construtivo a respeito. Na antecipação, nossa atividade tem a intenção de ser construtiva, mas é prematura e, portanto, sujeita a trabalho em excesso e em vão. Se nos preocuparmos com a possibilidade de que a carteira perdida não seja entregue aos achados e perdidos, caímos na fixação. Se fizermos planos para substituir a carta de motorista e a carteirinha da faculdade perdidas antes de ir aos achados e perdidos, estamos antecipando. Ao contrário da mera preocupação, esses planos talvez venham a ser úteis. Mas agiríamos melhor se adiássemos os planos até sabermos se realmente serão necessários. Como já vimos, a antecipação não é uma armadilha tão sem sentido quanto a preocupação e as outras formas de fixação, porque ao menos há uma chance de que o trabalho antecipado venha a ser útil.

Muitas vezes, uma atitude antecipada pode até estabelecer as bases para uma fixação irremediavelmente sem sentido. Depois de começarmos cedo demais, podemos esgotar nossos recursos antes de o projeto estar concluído. E então nos restará apenas sentar e esperar. Começamos os preparativos para a festa cedo demais, logo terminamos e ficamos esperando os convidados, e aí é certa a ansiedade pela chegada deles. Se não tivéssemos antecipado, não teríamos criado uma *oportunidade* para cairmos na armadilha da fixação.

Quanto mais nos antecipamos, mais ficamos próximos da fixação. Se fizermos as malas para uma viagem com uma semana de antecedência, correremos o risco de passar uma semana inteira resmungando sobre o passeio que ainda está por vir. É como se já tivéssemos partido. E se fizermos as malas com duas semanas de antecedência, faremos nossa partida mental duas semanas antes de o corpo poder partir.

Há também os pequenos episódios em que nos antecipamos em alguns momentos e nos fixamos por poucos instantes até que a maré dos acontecimentos mais uma vez nos leve. Levantamos do assento do ônibus um pouco antes do necessário e ficamos em pé ao lado da porta. Pegamos a chave de casa quando ainda estamos a um quarteirão de distância e a seguramos na mão, enquanto andamos pela rua. Algumas pessoas até já foram vistas ao lado da porta do ônibus com as chaves na mão, como se planejassem abrir a porta do ônibus para sair...

Esses acontecimentos momentâneos não têm tanta importância, mas são, geralmente, sinais de um hábito mental que pode interferir negativamente em nosso dia-a-dia. A pessoa que pega as chaves cedo demais é a mesma que também chega muito cedo ao aeroporto e fica horas sentada esperando. Em vez de agir no momento certo, ela segue um padrão rígido de começar assim que a tarefa esteja formulada, fazendo tudo antes, e depois fica esperando, imobilizada, até poder prosseguir. Um comportamento tão mecânico como esse seria esperado de um robô que tivesse sido construído apenas com o propósito de girar chaves em fechaduras ou de ir a aeroportos. Um dispositivo desse tipo bem poderia ir logo ao aeroporto e desligar-se até o momento certo. Ele não tem mais nada a fazer.

Os riscos de cairmos na armadilha da antecipação podem aumentar quando fazemos muitos cronogramas e planos para o futuro. É verdade que muitas vezes é preciso planejar nossas atividades, mas o planejamento, como todas as outras formas de trabalho, também pode ser exageradamente prematuro. Planos feitos com muita antecedência em geral nos levam a excesso de trabalho porque com eles consideramos determinadas possibilidades que seriam eliminadas naturalmente no momento certo. Provavelmente, devido ao trabalho antecipado, teremos de revisar nossas expectativas por causa da mudança nas circunstâncias. E eles podem mostrar-se totalmente desnecessários e, nesse caso, o trabalho de planejamento terá sido em vão.

É claro que não podemos adiar indefinidamente. Como ocorre com todas as outras formas de trabalho, chega um momento em que adiar mais seria prejudicial. No caso dos planos, esse ponto pode ser determinado com exatidão. O momento certo de criar planos para o futuro é quando eles estiverem ligados ao que estamos fazendo *agora*. Se a recepcionista do dentista nos pergunta quando ela pode marcar o retorno, temos de fazer um plano de imediato porque ela precisa de uma resposta *agora*. Se quisermos passar a tarde jogando futebol, temos de fazer uma agenda para o resto da semana para saber se podemos nos dar ao luxo de tirar a tarde de folga *agora*. O que faremos agora pode até mesmo depender de nossos planos para o futuro distante. Não nos inscreveremos para o vestibular de Medicina *agora* a menos que tenhamos intenção de nos tornarmos médicos daqui a vários anos.

Mas os planos que não tenham efeito sobre nossa atividade presente são antecipatórios. Por definição, ainda não precisamos deles. Se vamos jantar na próxima meia hora, não fará diferença *agora* se planejarmos continuar o trabalho depois do jantar ou descansar. De qualquer modo, agora vamos comer salada, depois o prato principal e por último saborear a sobremesa. A decisão pode esperar até o final do jantar. Portanto, ela *deve* esperar. Depois do jantar, podemos descobrir uma oportunidade inesperada e maravilhosa de diversão.

Dentre todas as circunstâncias da vida, o momento em que menos precisamos de um plano para o futuro é quando já estamos ocupados com uma importante atividade. Enquanto a tarefa presente for claramente necessária ou desejável, o planejamento pode ser adiado sem problemas até que a terminemos. É suficiente saber que o momento presente está sendo bem utilizado. O futuro pode esperar até que nossa tarefa atual esteja terminada. Não há nada que possamos fazer a respeito agora: já estamos ocupados.

No entanto, a armadilha mental mais comum dentre todas é decidir o que faremos a seguir antes de terminarmos o trabalho que ainda está em execução. Indo para casa, depois do trabalho, decidimos o que vamos fazer para o jantar. Durante o jantar, pensamos no que vamos assistir na TV. Enquanto vemos TV, organizamos o trabalho da manhã seguinte. No trabalho, antecipamos o almoço. Durante o almoço, nossos pensamentos vagueiam para as tarefas da tarde. À tarde, pensamos em chegar em casa... Esse hábito curioso pode ser chamado de *antecipar um passo.*

Evidentemente, somos vítimas da ilusão de que sempre precisamos saber o que vai acontecer a seguir. Sem uma visão clara do que nos espera, sentimos que estamos tateando no escuro, e podemos cair em um precipício a qualquer momento. Mas a analogia é imperfeita. Quando já estamos envolvidos em uma atividade valiosa, não importa que o próximo passo esteja oculto na escuridão, porque *não vamos a lugar algum.* Tudo está bem no lugar em que nos encontramos. A necessidade de saber o que acontecerá a seguir é como um medo primitivo da noite que nos faz insistir em que o chão diante de nós esteja iluminado mesmo que não tenhamos nenhum plano de sair da caverna. Há tempo suficiente para procurar precipícios quando estivermos prontos a sair.

A antecipação de um passo tem conseqüências muito mais adversas do que os prejuízos comuns da antecipação. Se tentarmos sempre antecipar o que virá a seguir, nunca poderemos dar inteira atenção para a tarefa presente. O resultado é que nunca podemos realizar tal tarefa com o máximo de eficiência. Imersos nos pensamentos sobre o jantar enquanto dirigimos, não vemos que um carro repentinamente nos deu uma fechada. E se a atividade presente estiver sendo realizada em nome do prazer, nossa diversão será diminuída pela invasão do pensamento no futuro. Se planejarmos alguma atividade enquanto jantamos, não perceberemos o sabor da comida.

Essa diminuição drástica da vida não depende de quanto do futuro é antecipado. Há pessoas que estão sempre à frente de si mesmas apenas um momento, querendo "espiar" o tempo todo o próximo instante para saber o que vai acontecer. Daria no mesmo se essas pessoas estivessem mil anos à frente. Elas nunca conseguem dedicar-se plenamente ao momento presente. E, assim, nunca estão plenamente vivas.

A atenção dividida é uma armadilha e pode ocorrer sem a antecipação. Em breve veremos sua origem e suas conseqüências.

O hábito da antecipação em geral é considerado uma virtude em nossa sociedade. Já vimos essa curiosa valorização da ineficiência mental quando tratamos da persistência, e aqui a vemos novamente. Segundo Benjamin Franklin, é imperativo anteciparmos tudo o que pode ser antecipado. "Não deixe para amanhã o que você pode fazer hoje", é o que nos diz esse partidário fervoroso dessa armadilha mental. Se tentarmos viver conforme essa máxima, teremos uma existência infernal. Tendo feito todas as coisas que precisam ser feitas hoje, ainda não poderemos nos dar ao luxo de um banho longo, de uma caminhada no parque ou de uma conversa amigável. Primeiro, temos de cuidar das tarefas de amanhã. É verdade que ainda não podemos lavar os pratos de amanhã. Mas a *decisão* de lavá-los amanhã pode ser tomada hoje. Assim, se nada do que puder ser feito agora tem de ser adiado, a decisão *deve* ser tomada hoje. Segundo o mesmo argumento, estamos certos se estabelecermos agora um plano completo para os atos de amanhã, mas não podemos descansar depois disso, pois, pela máxima de Benjamin Franklin, as tarefas de depois de amanhã também deveriam ser tratadas amanhã, e então devemos cuidar delas hoje. A implicação desse conselho mal dado é clara: temos de trabalhar todas as possibilidades de uma tarefa para o resto de nossa vida, ou seja, agora. Nem é preciso dizer que, quanto mais nos anteciparmos, mais trabalharemos em excesso, prematuramente e em vão.

A estrutura de pensamento recomendada por Franklin lembra as amplificações verticalmente infinitas mencionadas no capítulo anterior: uma coisa leva à outra, sem fim. Uma vida conforme o conselho de Franklin é uma vasta *antecipação vertical*. Não importa quanto do futuro já tenhamos antecipado, sempre existirá o problema do que vai ocorrer depois disso. Após mapearmos nossos planos profissionais para os próximos vinte anos, teremos de pensar nos anos seguintes. Nosso trabalho, na verdade, nunca estará concluído.

Existem pessoas que realmente vivem nessa condição de antecipação vertical infinita. São as personalidades que morrem de estresse muito antes de seus planos bem formulados terem sido postos em prática. Além de um ataque cardíaco, a pior coisa que pode acontecer a elas é um sucesso completo, pois sua vida seria transformada em cenários previstos, um após o outro, todos sem a espontaneidade e o fascínio do imprevisto. Elas escrevem um livro e depois planejam passar a vida toda lendo-o.

A antecipação também pode ser infinita na direção horizontal. Do mesmo modo como quem antecipa verticalmente, ao estilo de Franklin, que mergulha cada vez mais fundo no futuro, a vítima da *antecipação horizontal* prepara-se para possibilidades diversas em um único momento. Prevendo um e-mail repreendedor, ela trabalha no esboço de uma defesa indignada. Depois pensa na possibilidade de o e-mail previsto ter um tom conciliador. É melhor preparar uma versão alternativa de sua resposta adequada a essa possibilidade. Assim, ela esboça várias respostas diferentes para ter certeza de cobrir todas as eventualidades.

Da mesma forma dos que fazem antecipações verticais, quem faz antecipações horizontais deseja assegurar-se de não ser pego de surpresa, mas adota uma outra estratégia. Na antecipação vertical, tenta-se resolver o que vai acontecer em todo o futuro; na antecipação horizontal, tenta-se resolver o que acontecerá em um instante específico do tempo, considerando todas as circunstâncias possíveis. Os dois trabalhos são extremamente infinitos. Como não existe fim para o tempo, também não há limites para as possibilidades de um único momento. E se quebrarmos uma perna e não pudermos ir à loja? É melhor fazer compras já. E se faltar luz e toda a comida no freezer estragar? É melhor providenciar um gerador. E se um embargo de petróleo dificultar a compra de combustível para o gerador? Talvez seja melhor usar energia eólica... A antecipação horizontal é a síndrome do "e se".

A experiência característica de antecipação é a sensação de ser pressionado. Assim que se abre uma possibilidade de movimento, sentimo-nos obrigados a pensar e a considerar novas situações. Não podemos permanecer parados nem um momento. É como se a mera existência do caminho tornasse obrigatória uma partida imediata para a jornada.

Acontece que o fato de algo precisar ser feito não significa necessariamente ter de ser feito agora. Mesmo a tarefa mais importante do mundo pode ser totalmente ignorada até chegar o momento certo. Então, podemos tomar decisões significativas, realizar feitos heróicos, definir nossa vida. Esse momento pode estar apenas um segundo à frente. Mas até que chegue, há um céu deslumbrante para admirar e rosas belíssimas para cheirar. O resto é armadilha.

7

RESISTÊNCIA

Há momentos em que temos de mudar nosso curso de ação mesmo que estejamos ocupados com algo útil ou agradável. O alarme de incêndio toca exatamente no momento em que chegamos à parte mais empolgante do livro. Ficamos sabendo de uma liquidação incrível e oportuna, justo quando nos preparávamos para levar nossos filhos ao zoológico. Se tentarmos manter nosso curso de ação nesse momento, cairemos na armadilha da *resistência*.

Estamos em casa elaborando um relatório que precisa ser entregue o mais rápido possível. Ao mesmo tempo, temos de ir ao supermercado, antes que ele feche, para comprar um item indispensável. A hora do fechamento aproxima-se enquanto terminamos o trabalho. As circunstâncias nos indicam que temos de ir ao supermercado agora, antes que seja tarde demais, e deixemos para terminar o relatório ao voltar. Uma tarefa pode esperar; a outra, não. Todavia, falta muito pouco para terminar. Seria um alívio tão grande concluir a tarefa. Então apressamo-nos, finalizando o trabalho de qualquer jeito e então finalmente interrompemos essa tarefa. Saímos correndo até o supermercado e percebemos que já é tarde demais, as portas estão fechadas. Resistimos à mudança e assim temos de pagar o preço.

Existe uma grande semelhança entre a armadilha da resistência e a da persistência. Nos dois casos, continuamos com o que já estamos fazendo, quando seria melhor parar. Na persistência, devíamos parar porque a atividade presente perdeu o valor que tinha para nós. Na resistência, a tarefa não perdeu o valor, mas devíamos parar porque surgiu algo mais urgente ou mais importante. Persistimos se continuamos com um jogo que se tornou tedioso. Resistimos se continuamos a jogar quando há um incêndio na cozinha, mesmo que o jogo continue a ser interessante.

Essas duas armadilhas quase sempre são provocadas por nossa própria inércia mental. Depois de ter começado algo, sentimo-nos obrigados a terminar, mesmo que o valor seja perdido ou superado por outra alternativa. Essa tendência a permanecer no mesmo caminho pode ser superada se a nova alternativa for suficientemente potente. Incêndios, inundações e ataques aéreos vão parar os projetos da maioria das pessoas. Mas a inércia da tarefa antiga impede que vejamos o melhor momento de parar. O resultado é que mudamos nossa ação de maneira extremamente lenta. Quando finalmente paramos e corremos ao supermercado, já é muito tarde.

A resistência é a síndrome do "só vou fazer mais isso".

Existem três situações nas quais devemos abandonar o passado e nos voltar para uma nova situação: 1) quando adiar a mudança diminui nossas possibilidades; 2) quando adiar a mudança nos faz perder um aumento potencial das possibilidades; e 3) quando a mudança para o novo é inevitável, ou seja, quando encontrarmos *emergências, oportunidades* e *interrupções.*

Em primeiro lugar, devemos deixar a tarefa atual ao nos confrontarmos com uma *emergência.* O ponto central de uma emergência é que, se não agirmos imediatamente, seremos prejudicados pelo atraso. Não faz nenhuma diferença se a tarefa atual é muito importante ou se a emergência é pequena. A questão é apenas o efeito do adiamento. É hora de parar de trabalhar em nossa pintura de quadro, porque o café começou a ferver. O mundo pode esperar mais um momento por nossa arte sem que haja nenhum dano perceptível, mas o café não.

É claro que a tarefa atual também pode ser urgente. Nesse caso, ela também é uma emergência e temos de decidir qual das duas pode ser adiada. Seria pouco inteligente nos ocuparmos com o café que ferve se estivermos cuidando de uma criança machucada. A decisão de permanecer na mesma tarefa nem sempre se deve à resistência. Mas se a atividade anterior puder ser adiada sem que haja prejuízos, e a nova não puder, será uma armadilha não fazer a mudança.

Em segundo lugar, devemos deixar a tarefa atual quando a *oportunidade* bater à porta. Num ataque de determinação, finalmente começamos a lavar todas as janelas da casa. Na metade do trabalho, somos convidados para uma saída inesperada com alguns amigos. Não há um importante motivo que nos faça terminar de lavar as janelas naquele exato momento, portanto poderá ficar para mais tarde, ou o dia seguinte ou a semana seguinte. Mas a saída é uma oportunidade única e somente hoje poderá ser realizada. Nesse exemplo, temos muito a ganhar e nada a perder por mudar de atividade. Se optarmos por terminar de lavar as janelas hoje, simplesmente porque já começamos, abriremos mão de um prazer, sem necessidade.

Naturalmente, estar livre da resistência não garante que nunca mais se percam oportunidades. Podemos ter de rejeitar um convite repentino e interessante se esse convite custar nosso emprego. Contudo é inútil deixar que as oportunidades passem quando a tarefa atual puder ser adiada sem custo.

Não costumamos desistir de oportunidades que sejam grandes e óbvias. Mas nossa relutância em mudar o curso de ação muitas vezes nos faz perder pequenos bons momentos. Não paramos para contemplar o pôr-do-sol até terminarmos o nosso trabalho, e aí é tarde demais.

É curioso que possamos vivenciar dificuldades para colher um benefício óbvio. Nossa relutância em encarar as dificuldades de uma emergência é compreensível, mas a mera aversão ao que é desagradável não pode explicar nossa hesitação diante de uma oportunidade. Parece que somos incondicionalmente avessos a qualquer mudança, seja ela boa ou ruim. Mas esse é outro modo de dizer que sofremos de inércia mental.

Em terceiro lugar, devemos deixar a tarefa atual quando nos deparamos com uma *interrupção* imperativa. A campainha da porta toca bem na hora em que nos sentamos para assistir ao noticiário. Sabemos que uma mudança é inevitável. Certamente *vamos* atender à porta. Não pensamos seriamente em rejeitar o novo ato. Mas, mesmo assim, resistimos. Olhamos para a porta e resmungamos. Adiamos a nova condição mesmo que não possamos mais permanecer na anterior. Isso tudo é perda de tempo e de energia.

Isso não quer dizer que deveríamos, como uma folha levada pelo vento, ceder a todas as demandas de atenção externas. O vendedor em domicílio não requer um longo atendimento. Podemos atendê-lo, mas de forma prática e rápida. Sempre podemos optar por não atender nem a campainha da porta nem o telefone, não falar com pessoas tagarelas e continuar na frente da TV. Mas se, por algum motivo, sabemos que não rejeitaremos o chamado do novo, podemos parar o que estamos fazendo, sem confusão. É irrelevante que nosso trabalho seja muito importante, e a interrupção seja trivial. É inútil lutar quando não há esperança de vitória.

A resistência a interrupções é a armadilha mais fácil de detectar no cotidiano. Sempre temos consciência nítida das interrupções que acontecem, ou elas não conseguiriam nos interromper. Assim, as situações a que tentamos resistir são claramente sinalizadas. Isso faz com que todas as interrupções sejam uma valiosa oportunidade para praticarmos a habilidade de não cair na armadilha. O toque da campainha na hora do noticiário e uma pessoa tagarela que interrompe nosso trabalho nos fornecem os exercícios indispensáveis para o auto-aperfeiçoamento. Se lembrarmos desse lado benéfico das interrupções, iremos abordá-las com uma abertura que já desfaz a resistência.

As situações de resistência aumentam muito com algumas formas de antecipação. Quando somos vítimas da antecipação de um passo e decidimos desnecessariamente o que faremos a seguir, nossas decisões, normalmente, são desfeitas por circunstâncias inesperadas. Depois de resolver começar a ler um livro que há algum tempo nos aguarda, somos interrompidos por uma visita de uma pessoa chata. O trabalho de tomar a decisão foi em vão. No entanto, foi tomada uma decisão. *Íamos* ler um livro. A pessoa enfadonha não foi apenas inesperada e desagradável, ela também foi uma *interrupção*. Mesmo que ainda não tenhamos iniciado a leitura, temos de deixar de lado a *idéia* de ler por enquanto. Se não tivéssemos feito planos, a chegada da pessoa ainda teria sido desagradável. Mas teríamos nos poupado o trabalho de cancelar um compromisso assumido internamente. Assim, há pelo menos duas razões para não fazer planos, a menos que supram uma necessidade definida: 1) perdemos o tempo que levamos em sua formulação; e 2) isso nos faz resistir a mudanças inesperadas.

O pior de todos dentre os que fazem planos inúteis é a pessoa que realiza antecipações verticais, que se esforça para definir o que vai fazer pelo resto da vida. Já vimos que esse excesso de planejamento é sempre inútil devido às circunstâncias imprevistas. Além disso, a antecipação vertical provoca a contínua resistência ao novo. Quando temos um plano para cada momento do dia, ninguém ou nenhum processo do mundo poderá tomar a iniciativa sem que o consideremos como interrupção. Quanto mais específicos forem nossos planos, mais passivo e mecânico exigimos que o mundo seja. Depois de escrever o roteiro para uma conversa com um rapaz em quem estamos interessados, queremos que ele diga o que tiver de dizer no momento certo, como se fosse uma gravação.

Quando criamos um cenário para o resto de nossa vida, ficamos ocupados o tempo todo nos afastando dele.

Por sua vez, a resistência nutre a fixação, isto é, esperamos até que se possa retomar uma atividade bloqueada. Um dos motivos para não realizarmos algo novo, nessas circunstâncias, é que a retomada da atividade anterior pode ocorrer repentinamente e interromper a nova atividade. Se começarmos a ler um artigo interessante enquanto esperamos por nossos convidados, eles podem chegar antes de terminarmos e teremos de interromper a leitura. Ao permanecer no mesmo curso de ação — fixando-nos na chegada dos convidados — evitamos a tensão de mudar, mais uma vez, no futuro.

Contudo, a mudança não precisa exigir esforço. Só precisamos deixar o artigo de lado e atender à porta. Desde que não resistamos inutilmente à mudança, não ficaremos em pior situação por ter começado algo que não possa ser terminado de imediato. Meio artigo interessante ainda é melhor do que ficar na angústia da espera.

Nessa situação, o medo de uma resistência futura leva a uma fixação no presente. Anteriormente, já vimos que a resistência era incentivada pela antecipação. Conexões causais desse tipo são comuns entre as armadilhas mentais. Uma armadilha sempre parece levar a outra, e esta leva a uma terceira. Inversamente, a eliminação de uma armadilha geralmente nos ajuda a combater várias outras. Encontraremos mais conexões como essas nos próximos capítulos.

De muitas formas, a resistência é o oposto da antecipação. As duas armadilhas envolvem uma escolha: ou perpetuar o passado ou mover-se para um novo futuro. Geralmente, não existe uma solução válida para esse conflito entre os dois reinos temporais. Se formos cedo demais para o futuro, estaremos antecipando. Se permanecermos tempo demais no passado, estaremos resistindo. Se anteciparmos a saída para a viagem, chegaremos cedo demais ao aeroporto e teremos de sentar e esperar. Se resistirmos à saída porque queremos terminar a faxina primeiro, podemos chegar tarde demais e perder o vôo. O curso dos acontecimentos segue um ritmo próprio. Não podemos nos permitir cair em armadilhas, porque para tudo há o momento certo.

Já vimos que esses impulsos contrários — antecipação e resistência — muitas vezes estão presentes em um mesmo indivíduo. *Resistimos* a cada desvio de nosso cenário *antecipado* para o futuro. Há um certo paradoxo aqui. Como podemos ao mesmo tempo manifestar as tendências de mergulhar cedo demais no futuro e nos apegar demais ao passado? Na verdade, esses impulsos têm o mesmo objetivo: sempre evitar o inesperado. Na antecipação, afastamos o inesperado ao definir antecipadamente o curso dos eventos futuros. Na resistência, fugimos ao futuro desconhecido, perpetuando as condições familiares do passado. Evidentemente, vivemos na suposição de que o controle sobre as rédeas de nosso destino deve ser o mais firme possível. A mesma idéia leva, em um plano mais amplo, a uma tendência indiscriminada para o planejamento central e o desenvolvimento tecnológico.

Basta um momento de reflexão para ver que a validade dessa suposição não pode ser considerada totalmente correta. Nossa vida nem sempre é mais feliz se tudo seguir conforme os planos. Algumas surpresas trazem bons resultados. Nós nos arrastamos ressentidos para longe do noticiário e podemos ter uma noite deliciosa com um velho amigo. O progresso na escada do sucesso pode acontecer devido a uma doença que exige uma parada e nos dá a oportunidade de rever a vida nos fazendo encontrar valores mais profundos. Também podemos subir a escada do sucesso exatamente como planejado, só para acordar um dia e perceber que as crianças cresceram antes mesmo de brincarmos com elas. Pena que as interrupções de nosso trabalho importante não tenham sido mais efetivas!

As forças que moldam nosso destino são infinitamente complexas. Portanto, nossos planos e decisões sempre se baseiam em informações radicalmente incompletas. Entretanto, quase sempre temos de fazer planos. Mas não há vantagens em transformar isso em um hábito, como se seguir todas as etapas do plano fosse intrinsecamente bom. Se o universo tirar as rédeas de nossas mãos e nos visitar com o inesperado, não há motivo imediato para tristeza. O registro do universo é pelo menos tão bom quanto o nosso. Uma vida na qual sempre temos de reagir a acontecimentos imprevistos não é necessariamente menos feliz nem menos criativa do que uma vida com autocontrole total. Mesmo que as duas vidas tragam resultados equivalentes, a primeira teria a vantagem de estar livre do fardo de tomar decisões. Com as rédeas nas mãos do universo, podemos relaxar, deixar as coisas fluírem naturalmente e aproveitar o passeio.

A suposição de que as coisas sempre saem melhor quando determinamos conscientemente seu curso encontra sua expressão por excelência no entusiasmo diante do *biofeedback*, ou seja, quando nosso corpo responde às nossas ações. Como nos deliciamos com a perspectiva de controlar nossa fome por um ato de vontade! Nem questionamos se podemos obter resultados melhores do que nosso sistema nervoso autônomo. Mas qual é a base para tanta autoconfiança?

Na realidade, é claro, essa busca para ampliar o controle até os pontos mais longínquos do espaço e até os esconderijos mais desconhecidos do corpo não resulta da confiança em nossas capacidades, mas sim do medo do inesperado. E o inesperado não é bom nem ruim. É outra dimensão da vida. Sua eliminação pode ser comparada à extinção de uma espécie ou à abolição da experiência de uma cor. Se tivermos sucesso em apagar todas as surpresas do mundo, só nos restará um pedaço da vida que já vivemos.

8

ADIAMENTO

Em geral, depois de decidirmos fazer algo, ainda vivenciamos muita dificuldade para iniciar a tarefa. A mente simplesmente recusa-se a começar. Ao nos prepararmos para escrever uma carta, arrumamos todos os papéis sobre a escrivaninha. Depois arrumamos todos os papéis *dentro* da escrivaninha, endireitamos um quadro na parede, fazemos exercícios de alongamento... Em resumo, buscamos qualquer pequena ocupação que possa tomar o lugar da importante tarefa que temos em mãos. Essa é a armadilha mental do *adiamento*. Podemos controlar ou não nossa tendência a adiar, mas mesmo assim essa armadilha nos faz gastar tempo e energia.

Alguns adiamentos duram apenas um instante. Depois de decidir entrar em uma casa em chamas para salvar uma criança, podemos hesitar diante do fogo. Exceto nas circunstâncias mais extraordinárias, esses breves ataques de adiamento têm pouco efeito sobre o rumo de nossa vida. É possível também adiarmos questões durante dias, meses e até mesmo anos. As condições nunca parecem boas para iniciarmos um projeto. Não podemos começar o regime nessa semana porque vamos receber hóspedes que terão de ser alimentados. Na próxima semana, iremos a um banquete de casamento. Na outra semana, estaremos com muito trabalho e sentiremos a necessidade de nos presentear com uma boa alimentação. A semana seguinte não tem nenhum obstáculo, mas decidimos continuar a comer sem restrições. Afinal de contas, a longo prazo, não fará diferença começarmos hoje ou daqui a sete dias. Sete dias depois receberemos um convite para outra festa... Fazer ou não o regime é uma decisão nossa. Podemos optar por ser tão gordos quanto quisermos. Mas *se* decidirmos perder peso, estaremos presos em um enorme adiamento.

Formalmente, o adiamento é uma pequena variação no tema da resistência. Nas duas armadilhas, evitamos uma tarefa cuja hora chegou. A diferença está em nossa intenção em relação à nova tarefa. Quando resistimos, não reconhecemos nem concordamos com a necessidade legítima da nova ação. A emergência, a oportunidade ou a interrupção nos são impostas e nos recusamos a abrir espaço para elas. Contudo, quando adiamos, a ação foi decidida por nós. *Queremos* escrever a carta. Já decidimos o que *vamos* escrever. E mesmo assim, adiamos.

Outra diferença entre resistência e adiamento é que a resistência nos encontra ocupados em uma atividade prévia que relutantemente interrompemos a meio caminho. Porém, no adiamento, não estamos ocupados com nenhum trabalho. Pelo contrário, podemos nos esforçar para realizar pequenas tarefas pouco importantes que nos dão uma desculpa para não começar. Essa busca de falsas atividades é muito curiosa. Se somos nós quem decidimos o que fazer a seguir, o que nos impede de começar?

Se estivermos esperando até que as condições sejam favoráveis, poderemos incorrer em uma outra armadilha, a da fixação. De fato, as atividades de adiamento têm uma similaridade admirável com a fixação. Nos dois casos, realizamos atos inúteis e desconexos para matar o tempo até chegar o momento de agir. No adiamento, o momento de agir já chegou, mas insistimos em inventar tarefas inúteis. O que estamos esperando?

A causa mais comum do adiamento é, sem dúvida, uma simples aversão diante da nova tarefa. Sabemos que precisa ser feita, mas hesitamos em nos aproximar de um possível desgaste causado pelo novo. Quando temos de tratar sobre um assunto delicado e constrangedor com um amigo sabemos que é uma situação da qual não podemos fugir e que temos de falar. Mas, ainda assim, insistimos em adiar esse momento. Retrair-se diante de uma experiência desagradável é muito sensato se não a considerarmos necessária. Uma pessoa que hesita em abrir o envelope do resultado de um exame médico antes de passar em consulta não pode ser culpada de adiamento. Na verdade, mergulhar em algo que nos possa ser desagradável, sem necessidade, é cair na armadilha da antecipação. Entretanto, quando a necessidade de sofrer por um bem maior foi reconhecida, retrair-se é perda de tempo.

A aversão pela tarefa não é o único fator. Normalmente, adiamos mesmo quando sabemos por experiência que a nova tarefa não será tão ruim assim depois que a começarmos. Após iniciar a carta, é relativamente indolor continuá-la até o fim. Existe uma dificuldade apenas para iniciar e isso desafia a explicação em termos puramente hedonistas. Se a relutância em começar fosse totalmente causada pela aversão à tarefa, continuaríamos assim depois de iniciarmos o trabalho. Porém, na maioria das vezes, sabemos bem como será antes de começarmos. Podemos adiar até mesmo o desfrute de prazeres. Fazemos rituais de limpeza e arrumação antes de nos sentarmos para ler um bom livro. Evidentemente há outras forças em ação além do desprazer.

Uma dessas forças é a *resistência* cumulativa e inconsciente a abandonar a soma total de todas as tarefas inacabadas de nossa vida. Quando adiamos, parecemos estar livres de qualquer programação prévia. Mas a experiência de um momento realmente livre é um evento raro para aqueles que não se libertaram das armadilhas mentais. Todos os projetos que já estiveram em nossa agenda e não foram concluídos ainda permanecem lá. A pressão de preocupações imediatas pode ter nos forçado a deixar essas atividades de lado, mas a inércia mental não se evapora simplesmente quando é superada. Quando chega o momento de iniciar algo novo, as questões inacabadas de nossa vida retornam, clamando por conclusão. Antes de voltarmos nossa atenção para a leitura de um livro, precisamos nos *exorcizar*. Temos de nos arrancar da relação de tarefas incompletas que brigam pelo nosso tempo.

Já vimos que algumas armadilhas mentais nos envolvem em projetos literalmente infinitos. Quando tentamos antecipar o rumo da vida futura, sempre teremos um outro dia ou um outro ano a considerar. O desejo de certeza ou de precisão absoluta exige uma amplificação sem fim. Quanto mais cairmos em armadilhas como essas, maior será a tendência a adiar antes de iniciar algo novo. Depois de uma armadilha dessas instalar-se, teremos algo para nos ocupar pelo resto da vida. Cada vez que nos sentarmos para ler ou para escrever uma carta, teremos de nos convencer de que nossos planos profissionais não serão prejudicados se forem deixados de lado por uma noite. Enquanto isso, o mundo continuará nos trazendo novas tarefas e ficaremos cada vez mais ocupados até não podermos sentir o sabor da comida sem nos envolvermos em uma luta colossal para limpar a mente.

É esse fardo contínuo de questões em aberto que explica o fato mais surpreendente de nossa vida mental: estamos sempre pensando. Nosso motor mental está sempre ligado. Assim que nos pegamos entre tarefas, somos inundados por idéias ligadas a nosso fundo inesgotável de projetos inacabados. Retomamos a antecipação infinita do futuro e a reversão a fracassos imutáveis do passado. Devíamos ter feito isso, faremos aquilo. Não é de surpreender que adiemos, pois as novas necessidades sempre nos encontram ocupados.

O fardo das atividades inacabadas também explica um estranho fenômeno de comportamento. Temos o hábito de adiar o início de uma nova atividade até algum ponto definido no futuro, que nos parece mais oportuno do que o presente. A estranheza é que esses pontos são escolhidos devido a alguma propriedade *cronológica* e não por alguma característica que os ligue à atividade. Decidimos começar a dieta na *segunda-feira*, como se a segunda fosse mais propícia do que a quinta. Dizemos que algo "pode esperar" até o início da semana. As resoluções de Ano Novo pertencem a essa mesma categoria de fenômenos. Se estamos convencidos de que uma determinada ação é desejável, por que adiamos sua realização até o início do próximo ano?

Em parte, esses adiamentos são recursos que nos permitem protelar e, ao mesmo tempo, manter a ilusão de que estamos lidando com a situação. Em vez de *fazermos* a atividade hoje, nós a *agendamos* para a segunda-feira e sentimos que ela já está sendo feita. Afinal de contas, na terça-feira ela já terá sido iniciada. Só precisamos dar tempo ao tempo e tudo estará terminado. É claro que na segunda-feira podemos simplesmente remarcar a tarefa para uma data posterior. Desse modo, conseguimos adiar para sempre e continuamos convencidos de que estamos agindo.

Entretanto, isso não explica nossa predileção por algumas datas específicas. Por que é mais freqüente marcamos o início de uma nova atividade para uma segunda-feira em vez de uma terça-feira? O motivo é que muitas outras atividades de nossa agenda estão associadas às divisões oficiais do calendário. A nossa semana de trabalho, por exemplo, está dividida rigidamente em cinco dias de trabalho seguidos por dois dias de descanso. Projetos profissionais que não podem ser interrompidos por dois dias são, portanto, planejados para terminar na sexta-feira. Como resultado, estamos menos preocupados com atividades em andamento na segunda-feira e os novos projetos encontram menos resistência. A longa temporada de feriados que precede o Ano Novo é ainda mais efetiva do que o fim de semana. Muitos de nossos projetos são planejados para terminar antes do início dos feriados, e a acumulação de novas obrigações não atinge grandes proporções antes do primeiro dia útil do novo ano. Nesse ínterim, nós nos sentimos menos ocupados. Assim, estamos mais inclinados a iniciar novas atividades.

As resoluções de Ano Novo são uma armadilha? Podem ser, se forem usadas meramente como uma desculpa para adiar uma atividade necessária. Contudo, o fardo de atividades inacabadas *é* mais leve no Ano Novo, e as novas tarefas *têm* mais probabilidade de serem iniciadas. Assim, começar algo no primeiro dia do ano pode ser uma resposta estratégica diante das atividades inacabadas e, nesse caso, *não é* uma armadilha. Carregar o fardo de reversões passadas e antecipações não realizadas é que são uma armadilha. Se estivéssemos inteiramente livres de armadilhas, não carregaríamos as atividades incompletas. Então, não haveria motivo para fazer promessas de Ano Novo e tanto faria começar em 1º de janeiro ou em 12 de maio.

Já vimos que o acúmulo de atividades inacabadas dá uma explicação para o fenômeno básico do adiamento: a relutância em se envolver em um novo projeto mesmo quando parecemos estar desocupados. Esse acúmulo também explica por que fazemos promessas de Ano Novo e por que estamos sempre pensando. Mas isso não explica o fenômeno mais surpreendente de todos os fenômenos ligados ao adiamento: a dificuldade especial no *início* das novas atividades. O conjunto das tarefas inacabadas funciona como uma fonte de tendências que competem com a tendência a se envolver em um novo projeto, não havendo motivo para supor que a competição seja mais forte no início de um novo projeto do que depois de o projeto ter sido iniciado. Então, por que escrever a primeira frase de uma carta é mais difícil do que escrever a segunda frase e as demais?

Aqui está uma possível explicação. Depois de o projeto ter sido iniciado, ele gera a própria inércia e isso geralmente é suficiente para superar a força de estagnação do conjunto das atividades inacabadas. Supomos que um objetivo gera inércia assim que formulamos a intenção de atingi-lo. Se fosse assim, então a inércia do novo projeto já faria efeito desde o início. Contudo, suponha que iniciar um novo projeto seja um procedimento de duas etapas: primeiro formulamos a intenção de realizar o projeto e depois realizamos o equivalente mental de pressionar a tecla "Enter". Suponha também que a tendência inercial para concluir o que foi iniciado só comece a atuar depois de a tecla "Enter" ter sido pressionada. Na verdade, pressionar a tecla "Enter" é o primeiro passo do trabalho, qualquer que seja a atividade. Depois de dar entrada à intenção, o novo projeto terá a própria inércia, e isso evitará que ele seja desviado pelo conjunto das atividades inacabadas.

O adiamento é a resistência em se envolver em uma nova tarefa mesmo que *pareçamos* estar desocupados. Discutimos uma das causas desse fenômeno: a competição inercial gerada pelo conjunto das atividades inacabadas. Parecemos estar desocupados porque estamos ocupados com esse conjunto que está sempre presente. Outra causa de adiamento é que a nova tarefa pode nos encontrar ocupados em *fazer nada*. Fazer nada, assim como a atividade fixada de suspensão, é indistinguível de estar desocupado quando visto com distanciamento. Vamos chamar o estado de estar desocupado de estado de *não fazer nada*. Não fazer nada significa que não se tem uma ocupação nem se está tentando atingir nenhum resultado. Fazer nada, contudo, ocorre quando *resolvemos* não fazer nada. Como qualquer outro projeto, essa desocupação gera uma certa resistência contra começar outra coisa. Visto de fora, pode parecer que hesitamos em começar, mesmo que não tenhamos nada a fazer. Na realidade, a nova tarefa interrompe o nada que planejamos. Se estivéssemos mesmo não fazendo nada, não haveria nada para ser interrompido e não adiaríamos.

Como fazer nada nos leva a adiar, seria muito inteligente de nossa parte abandonar completamente esse hábito. Isso não quer dizer que tenhamos de ficar ocupados o tempo todo. Pelo contrário, uma certa quantidade de desocupação é necessária para todos os seres vivos. Até mesmo os automóveis precisam ser desligados para poder esfriar. Mas fazer nada é diferente de *não* fazer nada. Fazer nada é uma forma de nos mantermos ocupados. Contudo, *não* fazer nada é uma atitude mental sutil. Assim que *resolvemos* realizá-la, ela se perde. E nós nos ocupamos em fazer nada. Ficamos em guarda, tensos, determinados e ciumentos de nosso tempo. Não fazer nada não é algo que possamos *decidir* fazer. Não há instruções para isso, porque as instruções só nos dizem como *fazer* coisas. A tentativa de não fazer nada, portanto, sempre fracassa. Esse é o equívoco de muitas férias. O problema de como não fazer nada será abordado novamente no último capítulo.

Somos particularmente suscetíveis ao adiamento quando a tarefa à nossa frente é muito grande. É mais difícil começar a escrever um livro do que uma carta, ou começar a lavar a louça acumulada em uma semana do que lavar uma xícara de chá. A explicação desse fenômeno não é tão óbvia quanto pode parecer. Certamente, um trabalho grande é mais árduo que um pequeno. Entretanto, isso não quer dizer automaticamente que *começar* um trabalho grande seja mais difícil do que *começar* um pequeno. Objetivamente, é tão fácil começar a lavar uma grande pilha de pratos quanto uma única xícara. Nos dois casos, pegamos um objeto e o lavamos. Terminar é outra questão. Mas por que nos inclinamos mais a lavar a xícara sem adiar do que a lavar o primeiro item de uma pilha e parar?

A culpa é de uma forma específica de antecipação. Em vez de decidir *começar* a nova tarefa, decidimos desde o começo que vamos realizar todo o projeto. Como grandes empreendimentos exigem maior investimento de tempo e de energia, é natural que sintamos dúvidas antes de nos comprometer. Porém, a menos que tenhamos um contrato assinado, não há necessidade de um compromisso tão radical. A única questão que precisa de uma resposta imediata é se vamos ou não começar. A menos que *tenhamos* de nos comprometer com um propósito definido, é antecipação decidir *agora* que *certamente iremos* até o fim. Afinal de contas, as circunstâncias podem mudar de tal modo que a conclusão da tarefa torne-se desnecessária ou indesejável e, nesse caso, nossa decisão terá sido em vão. Mesmo que não haja dúvidas de que é desejável concluir a tarefa, não há necessidade de nos obrigarmos a terminar. O valor que nos levou a dar o primeiro passo presumivelmente ainda estará ativo e nos levará ao segundo sem o auxílio artificial do compromisso.

A escolha real é o fato de começar ou não. E começar o mais vasto dos empreendimentos é tão simples quanto pegar papel e caneta ou lavar uma xícara. Não pensaríamos duas vezes a respeito de lavar uma xícara. E, depois de lavar a primeira, a segunda xícara também continuaria a ser simples. Desse modo, acabaremos terminando a tarefa sem nos sujeitarmos ao fardo inútil e desagradável de uma obrigação auto-imposta. É claro que podemos deixar a esponja de lado a qualquer momento. Mas por que nos negarmos essa liberdade? Podemos optar por continuar se o desejarmos. E, caso paremos, pelo menos uma xícara estará lavada e limpa.

Aqui está um provérbio que nos ajuda a mudar: a jornada de mil quilômetros começa com um único passo.

Se uma companhia de anjos descesse do céu para nos escoltar até o paraíso, com certeza, adiaríamos. Como podemos deixar o passado para trás quando existem tantas pontas soltas para resolver? Só falta um semestre para nos formarmos. Nosso negócio está começando a dar lucro. Estamos quase terminando de ler os volumes do clássico *Guerra e Paz*. É claro que queremos ir para o céu, mas seria tão mais conveniente adiar nossa jornada até que tudo estivesse resolvido. Aí poderemos entrar em nosso novo estado com uma mente clara.

Mas tudo *já está* resolvido e sempre esteve. A tarefa diante de nós nunca dura mais que um momento. Um momento depois, podemos ter de continuar o que estamos fazendo agora. Porém essa não é nossa preocupação presente. Com certeza, temos idéias sobre o que faremos no futuro, mas, até que chegue o momento, esses planos não serão mais do que hipóteses de trabalho. Amanhã tudo pode ser inteiramente diferente.

Nós não acumulamos obrigações. Elas vêm uma por vez, e a anterior é cancelada assim que a seguinte é ativada. Nossos negócios sempre estão resolvidos, nossa lousa sempre está limpa. Não há necessidade de deixar os anjos esperando.

9

DIVISÃO

Caímos na armadilha da divisão quando tentamos cuidar de duas coisas ao mesmo tempo. Participamos de uma conversa enquanto, ao mesmo tempo, tentamos resolver um problema financeiro que tem ocupado nossa mente. Bem no momento em que estávamos chegando a uma conclusão sobre o problema, a conversa se volta para nós e esquecemos a delicada estrutura do pensamento. Quando voltarmos ao problema, teremos de reconstruir todos os resultados a que havíamos chegado antes. Ao mesmo tempo, nossa contribuição para a conversa é superficial.

A idéia de fazer duas coisas ao mesmo tempo precisa ser esclarecida. De certo modo, estamos sempre fazendo muitas coisas ao mesmo tempo sem nos prejudicarmos. Continuamos respirando enquanto comemos; não temos de parar de andar para apreciar a paisagem. Nesses casos, porém, pelo menos uma das duas atividades não exige atenção consciente. Quando andamos, não precisamos decidir continuamente que vamos mover uma perna e depois a outra. A seqüência adequada de eventos ocorre automaticamente. Então, desde que sejam automáticos, podemos realizar inúmeros atos simultâneos. Parece não haver limite para nossa capacidade de transformar desempenhos habilidosos em rotinas automatizadas. Uma motorista experiente pode chegar sã e salva em casa, parando em todos os faróis vermelhos e, ao mesmo tempo, pensar sobre suas questões profissionais. Como também um pianista treinado pode tocar uma bela música enquanto conversa com os amigos.

Contudo, uma lei básica da mente diz que não podemos dar *atenção consciente* a duas coisas simultâneas. Em rigor, a atenção é indivisível. Quando tentamos permanecer conscientes de duas coisas, pode parecer que estamos dando parte de nossa atenção a cada uma. Mas a introspecção revela que: 1) toda a consciência está se alternando entre as duas atividades; ou 2) que uma das atividades está distante ao modo de operação inconsciente e automático. Vamos examinar cada uma das possibilidades.

Se a seqüência de pensamentos relativos à atividade A for representada por A1, A2, A3 e A4, e os pensamentos relativos à atividade B forem B1, B2, B3 e B4, a tentativa de pensar os dois ao mesmo tempo resulta em um *fluxo misto* de idéias, como o seguinte:

A1, A2, B1, A3, B2, B3, A4, B4.

Essas oscilações de um tópico para o outro podem ser tão rápidas que temos a ilusão de simultaneidade. Em um momento ouvimos a conversa, no momento seguinte nos voltamos para um problema particular, e no outro momento ouvimos novamente. A maioria das oscilações nem é notada e, retrospectivamente, parece que ouvíamos e pensávamos ao mesmo tempo.

O motivo mais comum para *tentar* fazer duas coisas ao mesmo tempo é o desejo de acelerar o trabalho. Ao dividir a atenção, esperamos concluir duas tarefas no tempo que normalmente levaríamos para realizar apenas uma. Entretanto, como temos de organizar nossos pensamentos conscientes um de cada vez, esse procedimento nunca pode nos poupar etapas. Existem quatro "Às" e quatro "Bs" para serem trabalhados, independentemente da ordem em que sejam abordados. Contudo, quando deixamos o fluxo de pensamentos A, não podemos esperar que a retomada se dê exatamente no ponto em que paramos. Temos de *retomar todos os pontos* do projeto abandonado. A atividade intercalada B nos distraiu e precisamos relembrar as últimas conclusões antes de poder continuar. Muitas vezes, precisamos repetir seqüências completas de pensamentos a cuja conclusão já havíamos chegado. Quando a atenção está dividida, retornamos repetidamente ao mesmo ponto de partida e repensamos as mesmas idéias. Um retrato mais exato do pensamento dividido seria:

A1, A2, B1, A2, A3, B1, B2, B3, A2, A3, A4, B3, B4

Claramente, seria menos árduo fazer o seguinte:

A1, A2, A3, A4, B1, B2, B3, B4

Ou:

B1, B2, B3, B4, A1, A2, A3, A4

É por esse motivo que a divisão é uma armadilha.

Outra possibilidade é que a tentativa de fazer duas coisas ao mesmo tempo nos faça continuar uma delas inconscientemente. Damos atenção contínua a nosso problema particular e caímos em um padrão de respostas automáticas à pessoa com quem conversamos: sorrimos e acenamos com a cabeça a qualquer coisa que ela diga. Desde que a segunda tarefa seja familiar e previsível, não haverá problemas. Algumas conversas nunca precisam mais do que um sinal ocasional de aprovação, mas se o rumo dos eventos mudar repentinamente, podemos nos ver em grandes dificuldades. Estamos totalmente distraídos, conversamos com nosso chefe que, de repente, acusa-nos de querer matá-lo e nós, sem ter consciência sobre o assunto, sorrimos e acenamos que sim.

No entanto, precisamos automatizar algumas de nossas atividades ou não conseguiremos fazer mais do que respirar. A inconsciência em si não é um erro. A armadilha é tentar fazer duas coisas ao mesmo tempo, quando sabemos que ambas requerem atenção consciente. Então, o único modo de evitar a ineficiência do fluxo misto de pensamentos é optar pela saída ainda menos satisfatória de deixar que uma das tarefas caia abaixo do nível da consciência.

A queda da consciência provocada pela divisão é especialmente infeliz quando uma das atividades é realizada por prazer. Nesse caso, não estamos tão preocupados em chegar ao fim do modo mais eficiente possível. Não nos importamos por demorar mais do que o necessário em um jantar delicioso, mas não se pode desfrutar do prazer sem consciência. Se tentarmos pensar sobre o imposto de renda enquanto comemos, não sentiremos o sabor da comida. Mesmo que consigamos manter um fluxo misto de pensamentos, dando atenção alternadamente ao imposto e ao prazer, este será reduzido. E não faremos o melhor trabalho possível.

De modo geral, a divisão é uma complicação secundária que surge de um caso prévio de antecipação ou de resistência, da mesma forma como uma pneumonia pode desenvolver-se a partir de um resfriado. Entramos no estado dividido ao iniciar um segundo projeto antes de terminar ou deixar de lado algo que já havíamos iniciado. Estamos ocupados com o trabalho de álgebra, mas os pensamentos voltam-se para o encontro romântico que planejamos para a noite. Bem, ou o trabalho, ou o romance é mais importante para nós neste momento. Podemos decidir essa questão da forma que desejarmos. Se terminar o trabalho tem precedência em relação a nossa vida amorosa, somos culpados de cometermos a antecipação. E se o romance for um imperativo imediato, somos culpados de resistência por não deixar os livros de lado e correr para nosso amor.

No capítulo anterior, vimos que as armadilhas mentais podem fazer com que as questões incompletas em nossa vida aumentem incessantemente. O mundo está sempre nos apresentando novos problemas, mas nós ainda não resolvemos os velhos. Se persistirmos em tarefas que perderam o significado, faremos tempestades em copos d'água e reverteremos a questões que já pertencem ao passado, e assim por diante. Como resultado, sempre há algo que pode afastar nossa atenção da tarefa presente. Todas as vezes que nos sentamos para ler um livro, somos atacados por um turbilhão de idéias insignificantes, relativas a outros tempos e lugares. Sempre existem contas a serem pagas, projetos a serem executados, aumentos de salário a serem pedidos, cartas a serem escritas, ofensas antigas a serem vingadas, planos de aposentadoria a serem concluídos etc. Como podemos simplesmente sentar e ler quando há tanta coisa acontecendo ao mesmo tempo?

Podemos viver por anos — ou, até mesmo, pela vida inteira — nesse estado de *divisão crônica*, sempre tentando manter simultaneamente na consciência todos os problemas não resolvidos em vez de colocar o fardo no chão e pegar um item por vez. Pagamos um alto preço pela divisão crônica. Nossas habilidades e aptidões são diminuídas como se tivéssemos sofrido algum dano cerebral, e deixamos de aproveitar pequenos prazeres.

Um remédio popular para os males da divisão é o hábito de *deixar o melhor para o final.* Quando éramos crianças, comíamos a parte do sanduíche que tinha as cascas primeiro, para depois saborearmos sem interrupções a parte macia e recheada do meio. Agora, abrimos a correspondência em ordem inversa de interesse: primeiro as contas e malas diretas, depois as cartas de negócios e, por fim, a correspondência pessoal. Deixamos todo o nosso tempo livre para o final do dia, depois de todas as tarefas terem sido feitas, em vez de fazer um longo intervalo no meio. Talvez toda a nossa vida tenha sido planejada desse modo, adiando viagens e aventuras, o estudo profundo de um assunto de nosso interesse, o cultivo de um jardim — seja o que for que nos atraia —, a fim de conseguirmos, primeiramente, segurança financeira.

O motivo para essa política é muito claro. Se vivermos as melhores partes da vida antes das piores, o prazer que sentimos será diminuído pela preocupação do que virá a seguir. Assim, é melhor livrar-se primeiro do pior. Porém, permitir tais invasões já é cair na armadilha da divisão. A situação lembra a discussão anterior sobre as resoluções de Ano Novo. Elas não são propriamente armadilhas, mas sua utilidade depende de termos ou não caído em armadilhas. Da mesma forma, deixar o melhor para o fim não é propriamente uma armadilha. Enquanto dividirmos, teremos de adiar nossos prazeres para desfrutar plenamente deles. Portanto, o melhor é não dividir. Quando deixamos de dividir, não temos mais um motivo para deixar o melhor para o final. Podemos desfrutar dos prazeres a qualquer momento.

Observe que a técnica de deixar o melhor para o final é ineficiente nos casos de divisão crônica. Quem tende cronicamente a dividir tem sempre algo à espreita em sua mente que precisa ser resolvido antes de poder divertir-se. A casa nunca está *perfeitamente* limpa, o futuro nunca é *totalmente* seguro. A tentativa de resolver *tudo* antes de desfrutar o melhor da vida resulta em um *adiamento perpétuo do prazer*. E, com certeza, isso é uma armadilha. É pouco sábio deixar a parte central do sanduíche para o final se as cascas forem infinitamente longas.

Outra tentativa de recuperar o prazer perdido com a divisão é cancelar todas as atividades que competem por atenção. Decidimos que *não* vamos fazer a ligação telefônica que julgamos difícil nesta noite, para que nosso jantar não seja perturbado por pensamentos desagradáveis. Dessa forma, esperamos que o fantasma descanse.

Entretanto, esse exorcismo nos leva imediatamente à armadilha da *antecipação negativa*: decidir prematuramente *não* fazer algo. Ao nos comprometermos negativamente a não fazer a ligação, compramos paz mental ao custo de deixar incompleta uma importante obrigação. Contudo, a paz mental pode ser obtida gratuitamente se pararmos de dividir. Desfrutaríamos nosso jantar da mesma forma se simplesmente deixássemos a questão do telefonema completamente fora da mente. Ainda não há necessidade de tomar uma decisão. Se abordarmos a noite de modo aberto, sem predisposições negativas ou positivas, poderá chegar um momento em que o telefonema não parecerá tão ruim. E aí poderemos fazê-lo sem pensarmos a respeito antecipadamente. É claro que não existem garantias — o telefonema pode não ser feito. Contudo, não há nada a ganhar por excluir a possibilidade de uma solução fácil desde o início.

O hábito de deixar o melhor para o final e a antecipação negativa são apenas tratamentos sintomáticos para a doença da divisão. Ao final de tudo o único remédio que vai restaurar nossa eficiência e nossa capacidade de sentir prazer é parar de dividir. A técnica para obter essa cura é *a prática constante de fazer uma coisa por vez*. Cada pequena tarefa do dia é uma ocasião propícia para esse importante exercício. Quando comemos, devemos voltar nossas atenções somente para a comida. Quando escrevemos, é impossível querer fazer outra coisa ao mesmo tempo. Quando fazemos as contas no talão de cheques, devemos fazer apenas isso. Mesmo os atos mais insignificantes, tais como andar até uma loja, comprar um jornal, ou os mais desagradáveis, como limpar o banheiro, são oportunidades de praticar a atenção concentrada.

Quanto maior o prejuízo causado pela divisão, mais fácil será manter a atenção em uma única tarefa. A maioria das pessoas não tem dificuldade em manter a atenção concentrada ao dirigir por uma estrada estreita e cheia de curvas durante uma noite tempestuosa. Se a vida não coloca um número suficiente dessas circunstâncias desafiadoras em nosso caminho, nós nos beneficiaríamos se as criássemos intencionalmente. Não há melhor incentivo para se evitar a divisão do que nos posicionarmos a meio caminho em um penhasco.

Depois de dominarmos os exercícios elementares para manter a atenção unificada ao andar na corda bamba, praticar alpinismo e luta corpo-a-corpo, podemos partir para as práticas mais exigentes que surgem na vida cotidiana, como comer e lavar a louça. Uma prática ainda mais avançada é escolher uma atividade que seja ao mesmo tempo enfadonha, inútil e totalmente conhecida e realizá-la com atenção plena por um determinado período. Muitas das práticas classificadas como meditação têm exatamente esse propósito. Em algumas abordagens tradicionais de meditação, os estudantes passam vinte minutos por dia contando a respiração de um a dez, repetidamente. O domínio ocorre quando não são distraídos da contagem durante todo o período em que estão sentados. O benefício dessa atividade para a vida cotidiana pode não ser evidente para aqueles que nunca a experimentaram, mas o mesmo ocorre com os benefícios de levantar peso. Ambos são exercícios especiais para fortalecer nossa capacidade de suprir as exigências de estarmos vivos.

Contar a respiração não parece uma tarefa muito difícil, mas seria surpreendente encontrar alguém que pudesse contá-la por vinte minutos sem treinamento anterior. O iniciante faria melhor em começar com cinco minutos e aumentar gradualmente o tempo. Mesmo em cinco minutos não se deve esperar sucesso imediato. Muito antes de o tempo ter se esgotado, a mente terá divagado para o reino insondável das questões inacabadas.

Quando percebermos que a mente afastou-se da contagem, simplesmente deveremos começar de novo com o número um, como se nada tivesse ocorrido. A cada vez que fizermos isso, aumentaremos nossa capacidade de permanecer concentrados, da mesma forma que cada levantamento de peso melhorará nosso físico. Depois de dois ou três meses de prática diária, o aumento de nossa eficiência mental e do prazer que extraímos da vida diária é tão notável que pega de surpresa quase todos os praticantes. É difícil acreditar que uma atividade intrinsecamente tão trivial possa ter tanto efeito.

O maior obstáculo à prática regular desse exercício é a impressão de que ele é tedioso demais. Isso não passa de uma racionalização. Como os digitadores toleram digitar, e os operários de linhas de montagem prendem engrenagens a soquetes durante oito horas por dia se não conseguirem suportar cinco minutos de tédio? Alguma coisa no mundo pode ser tão desagradável? Não é o tédio que nos faz desistir. Começamos a contar a respiração e ficamos chocados ao descobrir que não conseguimos realizar o que parece ser uma tarefa fácil e trivial. É difícil admitir que nossa mente esteja tão fora de controle. Então, dizemos a nós mesmos que *poderíamos* ter feito isso se quiséssemos, mas que era chato demais. Depois vamos até a escrivaninha e cuidamos das contas por uma hora. Essa racionalização absurda pode ser dispensável se entendermos desde o início que fazer meditação, por exemplo, não é fácil para ninguém. Estamos fadados a fracassar nas primeiras tentativas. Se fosse fácil, não haveria motivo para fazê-lo.

O universo nunca nos pede mais do que uma coisa por vez. Em meio a mil emergências desesperadas, só temos de suprir a emergência *mais* desesperada. As restantes 999 simplesmente não nos dizem respeito. É certo que pode haver uma catástrofe se não cuidarmos delas a tempo. Contudo, em relação a isso, a situação objetiva é realmente a mesma de nossos momentos sem pressa. Após cuidar de todos os negócios que pareceram urgentes, podemos sair de casa e sermos atropelados por um caminhão. É só porque não pensamos nisso que a ameaça dos caminhões não faz com que nos sintamos mais ocupados. Os caminhões não se *apresentam* como um problema para nós, mas os problemas *conhecidos* também não se apresentam quando não podem ser tratados. Enquanto isso, eles podem ficar longe de nossa mente. Não realizamos nada de útil ao tentar mantê-los na consciência, e a tentativa de fazer isso interfere em nosso trabalho na tarefa presente.

Na realidade, nunca há mais do que uma coisa a fazer. Estar ocupado demais é sempre uma armadilha.

10

ACELERAÇÃO

Aceleração é a armadilha de agir com uma velocidade maior do que a ideal. Consertamos com tanta pressa um aparelho quebrado que acabamos cometendo erros e o aparelho imediatamente enguiça de novo. Como resultado, os recursos que dedicamos a esse projeto foram desperdiçados. Teria sido melhor não ter feito nada.

A aceleração é uma imagem em espelho do adiamento. Quando adiamos, somos lentos para começar — por exemplo, deixamos para depois o conserto do aparelho quebrado com uma desculpa após a outra. Quando aceleramos, somos rápidos demais para terminar, não dedicamos à tarefa o tempo e a atenção devidos. Essas duas armadilhas não são incompatíveis. Às vezes, adiamos o início e depois aceleramos o final.

Precisamos fazer uma distinção entre a aceleração e a ação rápida, a que chamaremos *apressar-se.* Nós nos apressamos, mas não aceleramos quando saímos correndo de um prédio em chamas. Entretanto, um ritmo de caminhada comum pode ser acelerado se estivermos atravessando um campo minado.

Existem vantagens e desvantagens em fazer as coisas rapidamente. As vantagens são: 1) acabamos mais depressa as tarefas desagradáveis; 2) atingimos mais cedo o objetivo a que visamos; e 3) podemos começar mais cedo o próximo item. Por exemplo, quando lavamos a louça do jantar rapidamente, podemos estar motivados pelo desejo; 1) de terminar uma obrigação desagradável; 2) de terminar a tarefa antes da chegada iminente de uma visita; ou 3) de ter mais tempo para um projeto posterior e mais importante.

As *desvantagens* de se fazer as coisas rapidamente são: 1) a maior probabilidade de cometer erros; e 2) a atividade fica mais desagradável pela irritação de ter de correr. Lavando a louça rapidamente, 1) deixamos manchas de café na parte de baixo das xícaras e restos de comida nos dentes dos garfos e 2) aumentamos nossa irritação com a tarefa por não termos tempo para perceber os elementos positivos da experiência. Se a segunda desvantagem não parecer uma grande perda no caso da lavagem da louça, podemos pensar na desvantagem de apressar o que poderia ter sido uma refeição maravilhosa.

As vantagens e desvantagens de apressar-se têm pesos diferentes em circunstâncias diversas. A desvantagem de aumentar a probabilidade de cometer um erro ao apressar-se na travessia de um campo minado pesa mais do que a vantagem de sair do campo alguns minutos antes. Contudo, a desvantagem de não lavar a louça com perfeição pode ser menos importante do que a vantagem de terminar mais cedo. Não existe uma fórmula universal que nos diga com que velocidade devemos trabalhar em cada situação. Entretanto, existe uma classe de circunstâncias na qual apressar-se não é a melhor opção, independentemente do valor que dermos às diversas vantagens e desvantagens. *Se agir mais depressa aumenta as desvantagens, então saberemos que estamos indo depressa demais.* Nesse ponto, deixamos de nos apressar e começamos a acelerar.

Vamos considerar atividades que não são propriamente desagradáveis. Nesse caso, terminá-las com rapidez não é automaticamente uma vantagem, como seria se a tarefa fosse levar um prato muito quente até a mesa. Mas ainda pode ser que desejemos nos apressar: 1) porque o resultado final do trabalho é necessário rapidamente ou; 2) porque temos outras tarefas a fazer e essas não podem esperar muito tempo. Contudo, não há outros motivos para a pressa. Se tanto o resultado de nosso trabalho quanto a próxima tarefa puderem esperar, é uma armadilha aumentar o risco de erros e diminuir o prazer do trabalho ao agir um pouco mais rápido do que o ideal. Sem que nada nos pressione, deveríamos levar todo o tempo necessário para assegurar o melhor desempenho.

No entanto, muitas vezes sentimo-nos tentados a correr diante da magnitude das coisas que ainda temos a fazer, muito embora não haja nenhum benefício ao nos apressar. Engolimos o jantar para chegar ao sexo. Supondo que a oportunidade de fazer sexo não vá embora, esse comportamento só resulta na diminuição do prazer total. Se ter um jantar tranqüilo vale 5 pontos em nossa escala de prazer, então um jantar apressado nos renderá menos 5 pontos. Suponhamos que o jantar apressado valha 2 e que o sexo valha 10. Então, um jantar tranqüilo, seguido por sexo valerá 5 + 10 = 15, enquanto o sexo que se segue a um jantar apressado nos dará apenas 2 + 10 = 12. É verdade que obteremos os 12 pontos mais cedo do que obteríamos os 15, mas isso só será significativo se tivermos um motivo para nos apressar, como, por exemplo, se tivermos de ir a algum lugar imediatamente depois do sexo.

Correr durante uma atividade sem que estejamos sendo pressionados pelo tempo é *aceleração do primeiro tipo.*

Se a atividade puder esperar, é uma armadilha correr com ela, mesmo que o próximo item *não* possa esperar. Nesse caso, poderíamos simplesmente adiar o projeto atual até um momento mais propício. Em vez de ler correndo um artigo de jornal antes que o programa de TV comece, poderemos lê-lo com calma quando o programa tiver terminado. Nessas *acelerações de segundo tipo* não há necessidade de correr com o que estamos fazendo porque, para início de conversa, nem precisaríamos estar realizando essa tarefa.

O que faz com que nos apressemos quando não somos pressionados pelo tempo? É significativo que a aceleração seja sempre precedida de um estado mental *dividido*. Não correríamos com uma tarefa simples e agradável a menos que tivéssemos outro projeto ou outra condição em mente ao mesmo tempo. Engolimos o jantar porque estamos pensando em sexo enquanto comemos, assim como lemos correndo o artigo de jornal porque estamos com um olho na TV! Se não estivéssemos com a mente no futuro, não teríamos lugar algum para onde correr. Permaneceríamos na tarefa presente e faríamos o melhor possível.

O fato de a divisão ser desagradável faz com que recorramos a diversos remédios populares cujos efeitos colaterais são, em geral, tão graves quanto a doença original. Com duas coisas em mente, podemos *deixar o melhor por último*, de modo que não sejamos perturbados por outras preocupações quando chegarmos a ele. Ou podemos tentar nos desvencilhar imediatamente em um ato de *antecipação negativa*, cancelando uma das duas atividades para termos apenas uma coisa em que pensar. Ou ainda podemos *acelerar* durante a primeira atividade para chegar mais rapidamente ao estado indiviso. A aceleração é uma estratégia equivocada para lidar com a divisão.

Observamos o vínculo entre aceleração e divisão quando uma criança chega a um *playground* depois de uma longa ausência. Atraída simultaneamente por todos os brinquedos, ela não consegue desfrutar plenamente de nenhum deles sem desejar os outros. Então, a criança brinca depressa no escorregador, corre para o gira-gira do qual sai rapidamente, sobe e desce três vezes na gangorra e corre para o balanço. Depois de passar por todos o mais rápido possível, ela volta a um único equipamento e lhe dá toda a atenção.

O estado dividido que leva à aceleração é, por sua vez, causado pela antecipação ou pela resistência. A antecipação produz acelerações do primeiro tipo e a resistência é responsável por acelerações do segundo tipo. É instrutivo ver como se desenvolvem essas duas seqüências de armadilhas mentais.

Se só tivéssemos em mente a tarefa presente, não nos apressaríamos, porque não haveria outra condição para a qual correr. Portanto, o primeiro passo no caminho da aceleração é um pensamento a respeito de uma atividade futura. Enquanto jantamos, começamos a pensar nos prazeres do quarto que nos aguardam. Se o projeto futuro puder esperar, pensar sobre ele agora, quando já temos algo a fazer, é uma *antecipação*. Além do mais, o projeto antecipado briga por nossa atenção com a tarefa atual, criando um estado de divisão. E então nos apressamos durante a atividade presente para acabar a divisão. A possibilidade de degustar o jantar foi sabotada pela antecipação, e tentamos acabar com isso o mais rápido possível. No entanto, temos todo o tempo do mundo. Essa aceleração é de primeiro tipo.

Entretanto, se a tarefa presente puder esperar, mas um projeto futuro não, somos culpados de *resistência*, por não deixar de lado a tarefa presente. O comercial já acabou, mas ainda nos apegamos à idéia de terminar de ler o artigo. Ao nos agarrarmos ao velho enquanto o novo já nos empurra, estamos nos precipitando em um estado de divisão e, novamente, tentamos eliminar o desconforto apressando-nos na tarefa presente. Nesse caso, contudo, a melhor ação seria simplesmente adiar a tarefa atual. É assim que surge a aceleração de segundo tipo.

Em resumo, temos as seguintes relações:

antecipação → aceleração de primeiro tipo

divisão →
resistência → aceleração de segundo tipo

Os passos na jornada da vida surgem um por vez e em seu próprio ritmo. Se corrermos além do necessário ou ficarmos para trás, tropeçaremos e cairemos. Correr além do necessário é antecipação e aceleração do primeiro tipo. Ficar para trás é resistência e aceleração do segundo tipo.

"*Festina lente*" (Apressa-te devagar) é um provérbio que nos ajuda.

Vimos que tanto a antecipação quanto a resistência na maioria das vezes tornam-se condições crônicas. Podemos sempre tentar antecipar mais um passo no futuro, e nosso conjunto de assuntos inacabados também pode ser uma fonte de resistência ao novo. Qualquer uma dessas doenças pode ser ainda mais complicada pela *aceleração crônica*, uma condição na qual corremos incessantemente daquilo que fazemos para o próximo item da lista.

A aceleração crônica é a condição de sempre estar a caminho de outro lugar. Comemos rapidamente o prato principal para chegar à sobremesa. Engolimos a sobremesa porque não agüentamos ver pratos sujos sobre a mesa. Lavamos a louça correndo para ler um livro. Se o livro é interessante, lemos rapidamente cada página para chegar à seguinte — uma aceleração de primeiro tipo. Se o livro é tedioso, nós o lemos o mais rápido possível para terminar logo — uma aceleração de segundo tipo. A vida é só uma coisa depois da outra.

Em uma escala de tempo mais ampla, vemos cada período da vida como mera preparação para o próximo. Temos de terminar rapidamente nossos estudos para podermos começar nossa carreira profissional. Temos de alcançar sucesso profissional rapidamente para podermos desfrutar de status e segurança. Depois do sucesso vem uma corrida louca para encontrar algo que absorva nossa energia. E depois de inventarmos um novo problema, corremos para encontrar a solução o mais rápido possível. Parece que o presente é sempre algo que deve ser deixado para trás. Não conseguimos enxergar a conseqüência lógica de viver assim: se estamos sempre nos livrando do presente, a vida inteira transforma-se em algo do qual temos de nos livrar, como se fosse um resfriado. A aceleração crônica é um galope precipitado em direção à morte.

Se nosso trabalho é infinito — se ele nunca vai terminar — por que nos apressarmos? Apressar o final de uma atividade só nos dá o privilégio de iniciar a próxima. O infinito menos 1 ainda é infinito. Portanto, acelerar não é a solução para melhorar nossa condição. Seria melhor passar calmamente por tudo o que fazemos.

A aceleração crônica pode nos acostumar tanto à correria que nem precisamos mais de uma desculpa para isso. Mesmo que a atividade seja agradável e não tenhamos mais nada a fazer, automaticamente tentamos terminá-la o mais depressa possível. Caminhamos apressados pelo parque, como se o nosso o objetivo não fosse caminhar, mas *terminar* de caminhar. Nesse estado de *aceleração vazia*, consideramos absolutamente certo que haja alguma razão para nos apressarmos, mesmo que não consigamos nos lembrar imediatamente dela. A aceleração vazia é a experiência da urgência pura, sem idéias.

11

REGULAMENTAÇÃO

Vimos que freqüentemente pensamos sobre nossos problemas cedo ou tarde demais, pensamos demais ou menos do que devíamos. O pior erro, contudo, é nos preocuparmos com assuntos desnecessários. Presos na dupla de armadilhas da *regulamentação* e da *formulação*, adotamos atitudes em relação a questões que não dizem respeito a nossa vida, tomamos decisões sobre acontecimentos que poderiam ser deixados ao acaso ou descrevemos detalhadamente a cena em que estamos, como se o filme da realidade precisasse de narração.

Um pensamento supérfluo pode ser regulamentador ou formulador, dependendo da qualidade de nossos processos mentais. Precisamos estabelecer uma distinção entre pensamento *descritivo* e *prescritivo*. O pensamento descritivo diz o que uma coisa é, o pensamento prescritivo quer que algo seja de determinado modo. Quando tomarmos nota mentalmente de que a porta está aberta, estaremos pensando descritivamente; quando decidirmos fechá-la, estaremos pensando prescritivamente. A *regulamentação* é a armadilha de fazer prescrições inúteis; a *formulação* é uma descrição inútil. Vamos abordar a regulamentação neste capítulo e a formulação no próximo.

Uma idéia puramente descritiva nos faz descansar. Após observar que a porta está aberta, a questão está encerrada. O pensamento prescritivo, contudo, exige alguma ação. Depois de dizer a nós mesmos para fechar a porta, sentimos necessidade de realizar a ação.

Porém, as prescrições não são as únicas molas propulsoras que nos obrigam à ação. Os seres vivos são ativos mesmo quando não estão dizendo a si mesmos o que devem fazer. Um mosquito provavelmente não age por meio de prescrições ("Agora vou sugar o sangue dele!"), mas consegue sustentar um estilo de vida cheio de energia. Nós, seres humanos, também estamos coçando, alongando, respirando e mudando de posição sem dizer a nós mesmos para fazer isso. As fontes não prescritivas de ação, quaisquer que sejam, podem simplesmente ser chamadas de *impulso.* Nossa atividade, então, é *impulsiva* ou *prescritiva,* dependendo de qual padrão seja seguido:

Impulsiva: impulso → ação (→ pensamento descritivo)
Prescritiva: (impulso →) pensamento prescritivo → ação

Os termos entre parênteses, em cada um dos casos, referem-se a eventos opcionais. Ao nos coçarmos por impulso, podemos observar descritivamente que estamos nos coçando, mas nossa atividade não requer essa observação. E um movimento prescritivo pode também ser precedido por um impulso redundante para fazer a mesma coisa, como acontece quando estamos com fome na hora do almoço.

Esses modos de ação correspondem ao que uma antiga tradição filosófica chamou certa vez de nossa natureza "mais baixa" e "mais elevada", respectivamente. Nossas duas naturezas foram concebidas como em um estado de conflito perpétuo, e a saúde mental foi definida como a vitória absoluta e permanente da prescrição sobre o impulso. Embora antiga, essa visão não está, de forma alguma, extinta.

Não é de surpreender que algumas coisas sejam mais bem-feitas por prescrição e outras por impulso. Cada modo de ação tem seu próprio território. Por exemplo, projetos que exigem esforços coordenados de várias pessoas geralmente devem ser abordados de forma prescritiva. Se eu e você tivermos de carregar um grande sofá para o andar inferior, precisaremos estabelecer e seguir algumas regras básicas. Não poderei soltar o meu lado simplesmente porque tive um impulso de descansar. Contudo, quando estamos em férias, sem obrigações agendadas, seria tolice continuar a almoçar exatamente ao meio-dia independentemente de estarmos ou não com fome. Aqui, a regra do impulso torna nossa vida mais agradável sem trazer nenhuma desvantagem como conseqüência.

Caímos na armadilha da regulamentação quando prescrevemos nosso comportamento em uma situação em que o impulso seria um guia melhor. Regulamentamos o momento em que comemos simplesmente porque é o horário de almoço e vamos para a cama só porque é hora de dormir, assim como decidimos antecipadamente como vamos cumprimentar amigos íntimos que não se surpreenderiam com nada que pudéssemos dizer. É verdade que também podemos cometer o erro oposto e agir impulsivamente quando o melhor seria fazer uma prescrição. Não queremos que um cirurgião ou um piloto de avião sejam guiados pelo impulso momentâneo. Preferimos que essas pessoas tenham um *plano.* Mas a ação excessivamente impulsiva não é uma armadilha mental, pois, por definição, as armadilhas mentais são hábitos de pensamento prejudiciais. A ação excessivamente impulsiva é causada por falta de pensamento.

Prescrever nosso comportamento é uma armadilha quando a prescrição é um guia *tão bom* quanto o impulso, isto é, quando há um empate, o impulso é preferível. Existem dois motivos para isso. O primeiro é que a prescrição é um tipo de *trabalho,* é algo que acontece apenas se o *fizermos.* O impulso, contudo, surge por si mesmo, sem exigir nenhum esforço. Se ambos os modos de funcionamento forem igualmente efetivos, certamente poderíamos relaxar e agir por impulso. O mesmo pode ser dito da situação muito mais freqüente em que não *temos como saber* se uma abordagem prescritiva ou impulsiva seria mais adequada.

O segundo motivo de o impulso ser preferível em situações de empate é especialmente importante. No decorrer da discussão das armadilhas anteriores, em diversas ocasiões já nos referimos ao fenômeno da *inércia mental*. Essa é uma tendência de se continuar aquilo que foi iniciado só porque foi iniciado. É claro que a tendência inercial é uma das principais causas que nos fazem cair em armadilhas mentais. Ela nos faz persistir em continuar o trabalho depois de o valor do objetivo ter se perdido; ela nos fixa forçando-nos a continuar trabalhando quando não há nada a ser feito; provoca resistência ao nos fazer trabalhar para um objetivo antigo quando é hora de fazer algo novo, e assim por diante. A inércia para completar o projeto X é produzida quando adotamos a *intenção* de fazer X, ou seja, quando *prescrevemos* X para nós mesmos. Contudo, o *impulso* não contém inércia. Se adotarmos o projeto de assobiar uma música, teremos alguma dificuldade em parar na metade, mas não haverá dificuldade em parar se começarmos a assobiar a mesma música impulsivamente, sem nos *dizer* para fazer isso. Esse é um motivo que nos leva a preferir a impulsividade à prescrição, quando tudo o mais é igual. *Ao agir por impulso, evitamos a inércia que tão facilmente pode nos levar às armadilhas mentais.*

Algumas maneiras de regulamentar nosso comportamento são mais sutis do que outras. A mais estranha é simplesmente *ignorar o impulso* e seguir a prescrição em situações nas quais o impulso é o melhor guia. Os exemplos de regulamentação já mencionados, como o de almoçar simplesmente porque é meio-dia, pertencem todos a essa categoria. Alguns de nós somos tão inteiramente governados pela prescrição que não parecemos mais nos dar conta de que os impulsos existem. Fazemos a barba todos os dias (ou nunca a fazemos), usamos gravata (ou cinto), tomamos café (ou chá) e assistimos ao noticiário (ou a novelas) sem nos perguntar se essas rotinas estão de acordo com nossos impulsos presentes. Decretamos que temos de nos barbear e usar gravata e, por mais que haja desconforto, incômodo ou inconveniência, não podemos mudar a lei.

Quando redescobrimos o reino do impulso espontâneo e livre, começamos naturalmente a trabalhar para soltar o nó estrangulador da prescrição universal. Porém, as primeiras tentativas de retomar a espontaneidade invariavelmente são distorcidas de modos curiosos. Em vez de nos permitirmos ser guiados pelo impulso, instituímos prescrições de ordem ainda mais sutis. Depois de parar de ignorar o impulso, passamos por uma fase de *regulamentação do impulso*, isto é, de encontrar leis que descrevam nosso comportamento impulsivo e depois transformá-las em novas prescrições. Depois de anos jantando em um modo prescrito, descobrimos que gostamos mais da salada quando a comemos depois do prato principal. Então, mudamos para uma nova prescrição que ostensivamente leva em conta nosso verdadeiro impulso: "a salada vem depois da entrada".

Nesse tipo de regulamentação, o impulso não é mais totalmente ignorado, mas ainda não tem permissão para governar as ações que pertencem a seu domínio. Em vez de seguir diretamente nossas inclinações, consultamos uma regra prescritiva que é supostamente "verdadeira" conforme essas inclinações. Contudo, não há por que criar uma regra para aquilo que acontece naturalmente. Se é verdade que sempre gostamos de comer a salada depois do prato principal, o impulso por si só já nos faria comer no momento certo. Regulamentar o impulso é como prometer que vamos continuar a respirar. No mínimo, é um procedimento redundante, um desperdício de esforço.

Na pior das hipóteses, regulamentar o impulso pode nos levar a ignorar ainda mais o impulso. Nossas inclinações nem sempre são tão previsíveis quanto o desejo de respirar. Depois de preferir comer a salada após a entrada por alguns anos, nosso gosto pode mudar. Porém, se tivermos o hábito de consultar as regulamentações em vez de deixar que os impulsos nos dominem, podemos demorar muito para notar a mudança. No entanto, como as regulamentações foram originalmente baseadas em padrões de impulsividade, continuamos acreditando que agimos "por impulso". Dessa forma, estamos ainda mais confusos do que quando o impulso era ignorado desde o início, pois, pelo menos, não tínhamos ilusões.

Muitos de nós somos incapazes de discernir entre a regulamentação do impulso e a ação impulsiva. Pensamos que estamos fazendo o que nos vem naturalmente quando, na verdade, só percebemos isso e depois o transformamos em uma regra para viver melhor. Decidimos que gostamos mais de companhia do que de solidão, mais da vida urbana do que da vida do campo, de cores fortes mais do que cores pastel, e depois aderimos rigidamente a essas regulamentações porque isso, realmente, nos agrada. Entretanto, se realmente agradássemos a nós mesmos, nosso comportamento mudaria assim que nossas inclinações mudassem, e as regulamentações baseadas em nossas inclinações inevitavelmente seriam ultrapassadas. Ainda estamos envoltos de cores fortes e de multidões na cidade muito depois de descobrir que essas coisas só nos dão dor de cabeça. É assim que a regulamentação de um impulso leva à armadilha da persistência.

Além da armadilha de regulamentar nossos impulsos, podemos também incorrer em outros três modos desviantes de regulamentação: *refletir o impulso*, *ler o impulso* e *anular a regulamentação*. Cada um desses modos é um tipo de prescrição que se disfarça de impulso.

Ao *refletir o impulso,* desistimos de tentar adivinhar as idas e vindas daquilo que consideramos ser nossa vida impulsiva. Não decidimos comer a salada nem antes nem depois do prato principal. Em vez disso, dizemos que vamos comê-la sempre que quisermos. Fazemos uma regulamentação de que seguiremos nossos impulsos nessa questão. Dizemos então a nós mesmos que vamos comer quando tivermos fome, descansar quando estivermos cansados, e assim por diante. As regulamentações desse tipo mantêm nosso comportamento mais ou menos alinhado aos impulsos, mas são perda de tempo. Quando o impulso domina, não há necessidade de nenhuma intervenção consciente, pois o comportamento segue o impulso por si só. Se permanecermos silenciosos internamente, *comeremos* quando tivermos fome e *descansaremos* quando estivermos cansados. Ao refletir sobre o impulso, nos afastaremos do padrão direto da ação impulsiva.

Em vez de sentir fome e comer, sentimos fome, consultamos a prescrição que nos aconselha a comer quando sentimos fome e *concluímos* que devemos comer. Claramente, esse é um procedimento inteiramente inútil. Seu único efeito é perturbar o fluxo espontâneo da impulsividade. Ainda comemos quando estamos com fome, mas nossas ações, como disse Shakespeare, "sucumbem à débil luz da reflexão". Em vez de agir assim:

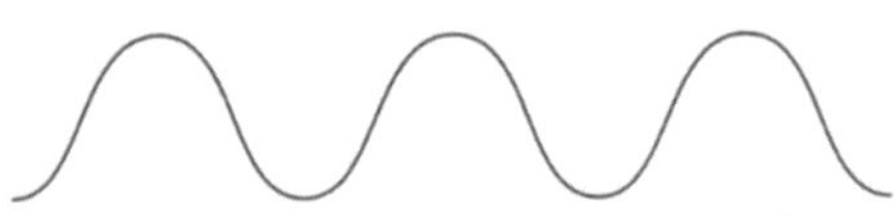

a sensação e a aparência de nosso comportamento passam a ser assim:

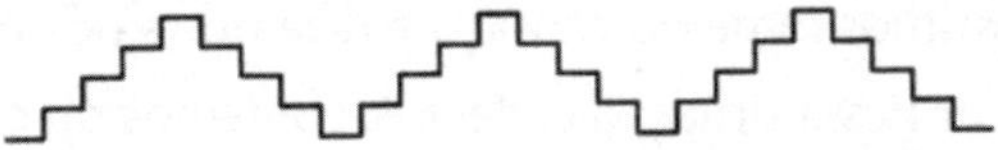

Nossos atos apenas se aproximam da impulsividade.

A armadilha de *ler o impulso* está a um passo da verdadeira espontaneidade. Dessa forma, não mais inserimos uma regra universal redundante entre o impulso e a ação, mas também não nos contentamos em ser guiados diretamente pelo impulso. Consideramos necessário pelo menos traduzir o impulso em um único pensamento prescritivo.

Em vez de simplesmente comer quando temos fome, observamos nossa fome e dizemos a nós mesmos que devemos comer.

Ler o impulso é um progresso em relação a refletir o impulso, pois a quantidade de trabalho mental inútil foi um pouco diminuída. Não pretendemos mais seguir uma lei geral, mas ainda insistimos em nos dizer o que fazer quando faríamos a mesma coisa espontaneamente. Somos como executivos incompetentes que, com medo de perder o poder, insistem em que todas as diretrizes passem por seu escritório, mesmo sendo apenas para "cumprir tabela". O impulso nos fala na linguagem das sensações, e nós o ecoamos internamente no nível do pensamento prescritivo: "Coma... beba... vá dormir... relaxe... divirta-se... tenha um orgasmo... sorria...".

O último refinamento da regulamentação é *anular a regulamentação.* Depois de percebermos a inutilidade de ler o impulso, aceitamos que, daí por diante, deixaremos o impulso governar seus domínios sem impor nenhuma prescrição intermediária. E quando o impulso se fizer sentir, invocaremos a prescrição que permite o seu domínio. Sentimos fome ou cansaço e dizemos a nós mesmos para não prescrever nessa situação e, depois, comemos ou descansamos. Dizemos também para sermos espontâneos. Decidimos seguir o fluxo. Na verdade, prescrevemos que não devemos ser prescritivos. É claro que essa ordem nunca poderá ser obedecida porque é contraditória. Não podemos comandar nossa espontaneidade, pois a espontaneidade só pode ocorrer de maneira natural.

Anular a regulamentação é a ação prescritiva em seu disfarce mais elaborado. Em momento algum dizemos a nós mesmos o que fazer, como nas variedades anteriores da regulamentação. Simplesmente sabemos que devemos seguir nossos impulsos, mas, se precisamos dizer a nós mesmos para segui-los, a autoridade final para o que fazemos ainda é prescritiva. A armadilha de *ler o impulso* é semelhante ao executivo que tem de aprovar todas as decisões tomadas por seus subordinados. Na armadilha de anular a regulamentação, o executivo só finge dar independência a seus subordinados. Ele não aprova nem desaprova explicitamente as decisões deles. Em vez disso, olha cada uma das decisões e indica quem deve ter a liberdade de decidir nesse caso específico. O resultado final é o mesmo. Conceder liberdade de escolha, caso a caso, *depois* de a decisão ter sido tomada, equivale a aprová-la ou desaprová-la. É apenas um truque.

Nesse estágio de nossa luta contra a regulamentação, podemos dizer coisas como: "a única regra é que não haja regras". Como o cético, certo de que nada pode ser conhecido com certeza, não percebemos como nossa posição é insustentável.

O que nos leva a recorrer a prescrições desajeitadas quando a impulsividade sem esforço é suficiente? Só pode haver um motivo: perdemos a confiança na impulsividade como um guia para a ação.

Alguns de nós não temos mais consciência de que os impulsos são *capazes* de guiar a ação, para o melhor ou para o pior. Pensamos que ao deixarmos de dizer a nós mesmos o que fazer, ficaremos paralisados, sem base para escolher uma ou outra ação. Abrimos nosso caminho pelo mundo empurrando-nos eternamente, primeiro para a esquerda e depois para a direita.

E logo após reconhecermos a existência e a legitimidade de algumas classes de impulso, ainda insistimos em examinar cada caso com nosso aparelho prescritivo para a aprovação final. Tememos que o impulso nato, não verificado pela prescrição, torne nossas ações caóticas, absurdas ou totalmente perigosas. Se não dissermos a nós mesmos o que fazer a cada momento, podemos vaguear pelas ruas, esquecer de ir ao banheiro ou enfiar o dedo no olho. Essa visão é totalmente contraditória, considerando a existência ordenada dos animais inferiores, para não falar de árvores e plantas. Para eles, as inutilidades e as complicações, às quais fazemos questão de aderir em nossa vida, não existem.

12

FORMULAÇÃO

A *formulação* é a armadilha de dizer ou pensar indiscriminadamente algo só porque parece ser verdade. Não nos contentamos em apenas achar o pôr-do-sol espetacular. Sentimo-nos obrigados a também dizer, mesmo que individualmente: "Oh! Que pôr-do-sol maravilhoso!". Se um repórter ou um amigo míope tivesse pedido que comentássemos a qualidade do pôr-do-sol, uma breve descrição seria adequada. Mas qual é o propósito de descrever essas coisas para *nós mesmos*?

A criação de conceitos e a descrição são instrumentos poderosos. Sem eles, extrairíamos muito pouco da experiência dos outros. Um após o outro, comeríamos o mesmo fungo mortal e cairíamos duros da mesma forma. Não teríamos ajuda na descoberta da ordem das estações, nos movimentos do Sol e da Lua e nos estágios da vida. Resumindo, seríamos indistinguíveis de qualquer outro mamífero terrestre de grande porte.

No entanto, também há desvantagens em dizer o que uma coisa é. Caímos na armadilha da formulação quando sofremos tais desvantagens sem que haja compensação.

A desvantagem mais óbvia da formulação é que ela nos leva à *divisão*. Cada vez que descrevemos ou avaliamos uma experiência antes de ela estar concluída, fazemos duas coisas ao mesmo tempo: por um lado, estamos observando o pôr-do-sol; por outro lado, estamos falando ou pensando a respeito. Já vimos como a divisão destrói o prazer. Não podemos realmente observar um pôr-do-sol e avaliá-lo ao mesmo tempo, pois a atividade de avaliação afasta nossa atenção da experiência sensorial. No momento em que dizemos "Não é maravilhoso?!", já não estamos maravilhados.

Nossa experiência é ainda mais prejudicada se cairmos na *formulação pública*, se tentarmos escrever ou contar para um amigo antes de esquecermos. Nessa armadilha, agimos como se as experiências não valessem nada antes de entrar em domínio público. Um belo pôr-do-sol ou um pensamento divertido, por exemplo, torna-se um fardo a ser descarregado o mais depressa possível. Nós nos afastamos do prazer imediatamente depois de percebê-lo para poder comunicá-lo ao mundo. As boas notícias nos oprimem até pegarmos papel e caneta ou encontrarmos um ouvido receptivo. Não "podemos esperar" para contar.

A fotografia introduz uma nova dimensão à arte da formulação pública. Existem pessoas que se lamentam por encontrar uma bela vista quando esqueceram a máquina fotográfica em casa. Com o advento do equipamento de vídeo doméstico, logo vamos registrar todos os momentos do dia em três dimensões e com som estereofônico. Assim, poderemos passar o dia seguinte assistindo ao vídeo e no outro dia poderemos observar a nós mesmos assistindo ao vídeo.

A pessoa que é vítima da formulação pública supõe que experiências não são tão importantes a menos que causem impressão além dos limites da própria mente. Aqueles que estão livres dessa ilusão podem lidar com a suposição igualmente equivocada de que as experiências não contam, a menos que sejam formuladas *interiormente*. Lembramos o conselho de Sócrates: uma vida sem exame não é digna de ser vivida. Pensamos que se não *tomarmos notas para nós mesmos* de que estamos tendo uma experiência valiosa, podemos perdê-la. Isso faz com que nos engajemos em *formulação particular.*

Sócrates foi o principal arquiteto de uma confusão desastrosa entre *pensamento* e *consciência* que tem assolado a cultura ocidental desde então. Como demonstramos no primeiro capítulo, pensamento e consciência são processos mentais totalmente diferentes. Muitas vezes pensamos inconscientemente e podemos estar plenamente conscientes sem ter uma única idéia. É verdade que temos de estar *conscientes* de nossa experiência para poder desfrutá-la. Então, não podemos nos maravilhar com um pôr-do-sol que passe despercebido. Mas não é necessário *pensar* sobre a experiência nem lhe dar um nome em voz alta, pelo contrário, a infindável ladainha de fórmulas que geralmente acompanha as experiências — "Que comida deliciosa! Isso é ótimo" — serve apenas para diminuir o prazer, ao dividir a atenção.

Algumas experiências da vida não são apenas diminuídas pela formulação. A existência delas depende de não pronunciarmos seu nome, nem mesmo na privacidade de nossa mente. São regiões do universo que permanecem para sempre fechadas à formulação. Por exemplo, o humor requer a suspensão de nossas tendências à formulação. Não podemos *experimentar* o humorismo e, ao mesmo tempo, descrever o que o torna engraçado. A explicação de uma piada não provoca risos. Se insistirmos em dar explicações, seremos sempre atormentados e angustiados por conceitos.

Um exemplo clássico de uma experiência cortada pelo mais leve sinal de formulação é a apreciação estética do mistério. Atualmente, poucas pessoas têm essa experiência. Nós nos movemos tão rapidamente para encaixar todas as situações em nosso esquema conceitual que não conhecemos mais os prazeres da perplexidade e da maravilha sem palavras. Vemos o mistério apenas como um problema a ser resolvido por "mais pesquisas". Esperamos o dia em que a ciência "acabe" com o mistério da acupuntura, da hipnose e dos discos voadores, supondo que isso será totalmente bom. Contudo, a criação de esquemas conceituais para enquadrar os fenômenos (ou vice-versa) é apenas um dos jogos possíveis. Com certeza, esse é um jogo que tem desfrutado de muito prestígio nos últimos séculos. A busca do conhecimento intelectual tem o status elevado que já foi reservado ao serviço a Deus. Mas o conhecimento, como qualquer outro produto, tem seu custo, e um comprador que pague por uma mercadoria mais do que ela vale não é sábio. Não estaríamos dispostos a perder um olho para saber o que nossos vizinhos comem no café-da-manhã. E acabar com o mistério do universo é como ficar cego, pois o mistério não é apenas a ausência do conhecimento, mas uma experiência por direito próprio, palpável como uma espinha.

A chave para o domínio arcano é uma mente livre de opiniões inúteis.

Nossas inúteis *descrições* do mundo têm uma estranha tendência a se transformarem em *prescrições* arbitrárias que nos levam da *formulação* para a *regulamentação.* Dizemos inutilmente a nós mesmos que estamos "fazendo faxina", querendo apenas descrever nossa condição presente. Mas sentimos imediatamente como se tivéssemos uma obrigação de garantir a continuação da veracidade de nossas palavras. Infelizmente, recusamos convites para outras atividades, pois, afinal de contas, estamos ocupados "fazendo faxina". Não podemos parar para conversar com um amigo porque estamos "indo a algum lugar" ou não tiramos o lixo fedorento da cozinha porque já começamos a "descansar". A partir do fato de que uma coisa *é*, saltamos para a conclusão de que ela *deve ser.*

Algumas vezes formulamos traços duradouros para nós mesmos, tais como "falta de jeito social", "irritabilidade" ou "aversão a vegetais". Essas descrições também se transformam rapidamente em prescrições, mas, nesse caso, as obrigações são para a vida toda. Depois de termos nos comprometido com a visão de que somos "o tipo de pessoa que" odeia vegetais, somos chamados repetidamente a sustentar a verdade de nossa autodescrição. Não podemos nos tornar constitucionalmente "contrários a vegetais" ou "socialmente desajeitados" de uma só vez. Isso requer uma adesão disciplinada à formulação transformada em regulamentação que adotamos. Devemos resistir ao fluxo dos impulsos internos e aos convites externos para agir de novas maneiras. A autodefinição é uma automutilação em escala heróica.

Isso não quer dizer que não haja consistência em nossa personalidade. Mesmo se deixarmos de formular nosso caráter, um observador externo vai detectar padrões recorrentes em nossas escolhas e reações. Mas não podemos formular os resultados dessas observações para *nós mesmos* sem provocar alguns efeitos drásticos. A opinião de que alguém é irritável ou socialmente desajeitado é, por si só, uma importante causa de irritação ou de inaptidão social. As crenças a respeito de si mesmo são profecias que se auto-realizam. A realização de uma profecia, por sua vez, nos leva a acreditar mais intensamente na crença que a originou, assim como as formulações que fazemos para nós mesmos são, ao mesmo tempo, verdadeiras e profundamente equivocadas. O Homem Que Nunca Come Vegetais está certo — ele nunca come vegetais. Mas se ele não dissesse isso para si mesmo, poderia de vez em quando comer uma cenoura.

É impossível fazermos uma auto-avaliação objetiva. Isso lembra a incerteza da observação encontrada na física contemporânea. Nunca podemos determinar o lugar exato e a velocidade de uma partícula subatômica, porque essas quantidades são alteradas pelo próprio ato de tentar observá-las. E nunca podemos descrever nós mesmos como realmente somos porque somos mudados pelo próprio ato da descrição. Só podemos *ser* quem somos. Algumas pessoas têm muita dificuldade em aceitar isso.

Por que as meras descrições transformam-se tão rapidamente em prescrições sem que haja um bom motivo? Mais uma vez, a culpa está na dificuldade de nos relacionarmos com o impulso. O impulso de deixar as ervilhas e as cenouras no prato explica que não as comamos. Não há problemas aqui. A menos que possamos deduzir nosso comportamento a partir de uma regra, sentimos que estamos agindo "irracionalmente". Somos intimidados pelas demandas de explicações racionais: *por que* não comemos os vegetais? Nossa dificuldade está em que a maior parte daquilo que fazemos no decorrer de um dia não pode ser nem justificado nem condenado ao se recorrer a princípios gerais. Não há nada na *Bíblia,* nem nas leis, que dite uma atitude diante dos vegetais. Então, de onde pode vir a prescrição pertinente? Levar uma vida puramente prescritiva é como apoiar-se apenas em si mesmo. A *descrição* daquilo que estamos fazendo fornece um ponto de apoio conveniente ou, mais exatamente, um colete salva-vidas a um homem que se afoga. Se somos "o tipo de pessoa" que não come vegetais, então podemos explicar tudo!

Premissa 1: Sou o tipo de pessoa que não come vegetais.
Premissa 2: Ervilhas e cenouras são vegetais.
Conclusão: Portanto, não as como.

Agora nossa razão está satisfeita: não agimos ao acaso. Porém, há um preço a pagar. Quando uma atração inesperada por abobrinhas surge dentro de nós, temos de negá-la em nome da coerência e ficamos sem provar um prato delicioso.

Podemos evitar quase todas as armadilhas mentais simplesmente fixando a atenção na tarefa presente. Se estivermos tomando banho ou caminhando pela rua, não há necessidade de pensar a respeito do que acontecerá a seguir ou do que aconteceu antes. Há apenas o momento do banho — ensaboar-se, enxaguar-se — ou uma cena na rua — crianças brincando, paisagens que nos encantam — diante de nós. Qualquer afastamento do aqui-e-agora é uma armadilha. Se nossos pensamentos voam para o futuro, estamos fixando ou antecipando. Se voltamos ao passado, revertemos ou resistimos. Mas existe também um caminho de afastamento do presente que não vai nem para o futuro nem para o passado. Ele nos leva verticalmente a sempre pensar no que estamos fazendo, ou seja, no exemplo, temos de *dizer* a nós mesmos que estamos tomando banho. Esses pensamentos são tão inúteis e perturbadores quanto as antecipações de vinte anos ou as reversões a mágoas de vinte anos atrás.

A formulação é a última armadilha mental da qual devemos nos livrar. Podemos ver claramente como a vida é possível sem manter o futuro ou o passado em mente. É preciso abrir mão de saber o que virá a seguir, mas, pelo menos, temos de saber o que está acontecendo *agora*. No entanto, supondo que as circunstâncias não mudem depois de ter tomado a decisão de fazer algo, então não há nenhum propósito em manter na mente o que estamos fazendo. Por exemplo: quando estamos limpando a casa, basta tirar o pó da mesa e arrumar a cama. Lembrarmos continuamente que estamos limpando a casa gasta energia, divide nossa atenção e provoca resistência a novas alternativas.

No momento em que estivermos ocupados, não há nada que precise ser mantido em mente. Dizer o que estamos fazendo é falar demais.

13

COMO EVITAR AS ARMADILHAS MENTAIS

Agora que desenvolvemos algumas habilidades para detectar as armadilhas, como faremos para não cairmos nelas? Vamos observá-las num momento em que estejamos *fora* delas. Todas as vidas, exceto as mais arruinadas, são abençoadas de vez em quando com breves intervalos de liberdade dessas armadilhas. Podemos estar caminhando para o correio, como já fizemos muitas vezes antes, quando repentinamente nos damos conta de que estamos *apenas* caminhando para o correio. Por um instante, não há nada mais no mundo a não ser o movimento de nossos passos e o sol no rosto. O momento presente preenche inteiramente nossa consciência, banindo o ontem e o amanhã, esperança e remorso, planos e esquemas. Experimentamos um delicioso senso de leveza. A marcha forçada habitual através de um terreno difícil é interrompida, e nós deslizamos. Não temos nenhuma preocupação no mundo. Não há nada a acompanhar, nada a lembrar, nenhum lugar para ir, nada para resolver. Esse momento é único. Por que não continuamos simplesmente a viver assim pelo resto do tempo?

A resposta é óbvia. Não acreditamos que a vida possa ser tão simples. Enquanto deslizamos, quem está cuidando de tudo? Parece-nos que nossos incontáveis problemas e projetos serão prejudicados por essa negligência. As boas coisas que desejamos manter vão desaparecer imediatamente a não ser que as mantenhamos no lugar, renovando sempre nosso compromisso com elas. E as circunstâncias difíceis que desejamos evitar se aproximarão, a menos que as deixemos distantes de nós com nossa eterna vigilância. Viver inteiramente no presente seria como prender a respiração — talvez possamos fazer isso por um ou dois minutos de vez em quando, mas não podemos viver sempre assim. Depois de alguns poucos passos livres de armadilhas, ficamos com medo e mergulhamos novamente no mar dos problemas conhecidos. Há trabalho para fazer.

A vida é simples ou complexa? Precisamos de cálculos e prescrições elaborados para atravessá-la, ou as coisas se resolverão naturalmente se deixarmos que o impulso governe livremente? Como ocorre com todas as questões de grande importância, há algo a favor de ambos os lados. Por um lado, não é verdade que devemos estar *sempre* vigilantes, *sempre* calculando. Nossa situação não se deteriora *automaticamente* assim que viramos a cabeça. Algumas vezes, ao menos, podemos nos dar ao luxo da espontaneidade. Não vamos despencar automaticamente num precipício assim que deixarmos de empurrar nossa vida a uma trilha predeterminada.

Por outro lado, existem despenhadeiros, e quando estamos perto de um, devemos calcular nossos passos. Existem momentos em que podemos ser espontâneos, livres e impulsivos, e outros em que devemos ser vigilantes, calculadores e prescritivos. A questão é como passar de um para o outro, e vice-versa. Esse *problema de alternância* é o problema mais fundamental da vida.

A partir de uma perspectiva — vamos chamá-la de perspectiva da *consciência moderna* —, esse problema traz um enorme dilema. No momento X, enquanto estamos funcionando no modo prescritivo, podemos julgar que as condições atuais são seguras para passarmos ao modo impulsivo. Mas, certamente, mesmo que seja seguro ser impulsivo no momento X, chegará um momento Y em que teremos de reverter à prescrição. E se permitirmos que o modo impulsivo assuma o controle, como vamos reconhecer o momento Y? Ao andarmos sem rumo e livres pelo deserto, poderemos não reparar no ponto que nos levará para longe demais de nossa base e então morreremos. A resposta, diz a consciência moderna, é sempre manter nossa distância da base em mente, nunca operarmos em total liberdade. A consciência moderna resolve o problema de como ligar e desligar a prescrição *deixando o modo prescritivo ligado o tempo todo, mesmo quando ele não é necessário*. A prescrição pode não ser necessária agora, mas se as rédeas forem entregues ao impulso, o modo prescritivo pode não ser ligado quando necessário.

É inevitável que essa estratégia leve a armadilhas mentais. Estar preso numa delas é, definitivamente, realizar trabalho mental desnecessário, e a estratégia da consciência moderna é trabalhar o tempo todo. Sentimos que precisamos estar sempre "no controle" da situação, por via das dúvidas. As diversas armadilhas não passam de diferentes modos de tentar permanecer no controle.

Existem outras soluções para o problema de ligar e desligar o modo prescritivo. Podemos entregar a função de ligar e desligar a uma entidade externa que, acreditamos, estará vigilante por nós e ligará ou desligará o aparelho prescritivo conforme o necessário. Os que aceitam a autoridade absoluta de outra pessoa (mãe, guru), de uma organização (igreja, governo) ou de um sistema de idéias (psicanálise, marxismo) têm muito menos problemas com as armadilhas mentais. Quando a autoridade lhes diz para fazer trabalho mental, eles fazem. E quando a autoridade declara um feriado, eles podem descansar real e verdadeiramente, seguros por saber que alguém está cuidando de tudo.

Esse é o grande consolo de pertencer a uma religião, seja ela espiritual ou secular: isso nos permite descansar nosso fardo. Os fundamentalistas bíblicos e/ou marxistas doutrinários são mais capazes do que nós de sustentar e desfrutar esse senso de simplicidade da vida e de liberdade. Eles podem aceitar qualquer situação que o futuro traga e não sentem necessidade de moldá-lo conforme sua vontade, porque têm certeza de que Marx ou a *Bíblia* demonstrarão ser um guia adequado em qualquer eventualidade. Os verdadeiros crentes não precisam estudar as armadilhas mentais.

É assim que quase todos viviam em épocas mais simples. Aprendiam os valores e as tradições de sua sociedade, e esses valores governavam suas ações para sempre. Nunca lhes ocorria *escolher* um modo de vida, já que não havia exemplos de alternativas a seu redor. E, como não tinham escolha, sentiam-se totalmente livres. Esse modo arcaico de ser, ainda vivido pelo verdadeiro crente contemporâneo, é qualitativamente diferente da vida da consciência moderna. Vamos chamá-lo de consciência tradicional.

A consciência tradicional desaparece quando a autoridade externa deixa de ser monolítica. Assim que passam a existir duas bíblias, não podemos ser mais fundamentalistas perfeitos, pois, queiramos ou não, devemos escolher, com base em nossa própria opinião, qual bíblia vamos seguir. E a sociedade contemporânea nos apresenta inúmeros candidatos a autoridade. Dessa forma, é cada vez mais difícil tornar-se, atualmente, um verdadeiro crente. Mesmo que em definitivo optemos por uma ou outra bíblia e sigamos suas doutrinas, apenas o fato de termos escolhido nos distingue de um verdadeiro crente, pois escolhemos com base em algum *critério* — racionalidade, intuição..., não importa qual — e, assim, queiramos ou não, é esse critério interior que representa a base de nossa ação. Podemos nos persuadir a aceitar uma bíblia como um guia de vida perfeitamente correto e completo, mas não podemos torná-lo uma autoridade. Quer isso nos agrade, quer não, o que é aceito também pode ser rejeitado. Em contrapartida, nunca há um momento em que a consciência tradicional aceite ou escolha suas tradições, pois as tradições são o *ponto de partida* do pensamento, além do domínio da escolha. A transformação da consciência, de tradicional para moderna é, portanto, irreversível. Gostemos ou não disso, não há volta.

A vida livre de armadilhas da consciência tradicional pode ou não ser feliz ou produtiva, dependendo inteiramente da sorte. Se a autoridade externa for benevolente e sábia, suas decisões serão boas. Contudo, a autoridade também pode ser Hitler ou o Reverendo Jim Jones, o comandante do massacre contra membros de seitas evangélicas apocalípticas. O problema com a consciência tradicional é que ela nos deixa sem proteção contra pessoas como Jim Jones ou — um perigo muito mais freqüente — aqueles que tornam nossa vida estreita e monótona. A consciência tradicional entrega-se à autoridade sem reservas. Se mantivermos a opção de reconsiderar nosso compromisso caso as coisas não saiam bem, então estamos apenas jogando conosco. Afinal, a autoridade absoluta não é uma autoridade, por mais escrupulosamente que sigamos seus preceitos. Nesse caso, a autoridade final permanece em algum critério autogerado pelo qual a quase-autoridade externa deve ser julgada. A consciência moderna só está fingindo ser tradicional. Exceto em raras circunstâncias, a consciência tradicional é inalterável, pois a adequação de qualquer mudança possível é julgada com base nas próprias tradições. Se pudéssemos persuadir os fundamentalistas bíblicos a questionar a validade da *Bíblia*, eles apenas buscariam a resposta na própria *Bíblia*. Não recebemos mais do que uma chance para viver tradicionalmente. Se o atrativo for infeliz, ou seja, se a autoridade for egoísta, tola ou louca, não haverá volta. Devemos segui-la até a beira do precipício, e além.

De qualquer modo, para a mentalidade moderna à qual este livro é dirigido, a consciência tradicional não é mais uma opção verdadeira. A autoridade absoluta não existe para nós. Não existe ninguém para acionar nossos botões de planejamento, cálculo ou prescrição conforme a situação exigir. E, assim, retornamos ao nosso dilema: se desligarmos o modo prescritivo, mesmo que por um momento, permitindo-nos a liberdade, como o ligaremos novamente quando for necessário?

A impossibilidade de resolver esse dilema depende de uma suposição inconsciente. Já a encontramos na análise das armadilhas mentais, mas essa é a suposição básica da qual toda a estrutura da moderna consciência aprisionada baseia-se. Supomos que o impulso — a fonte não racional e não prescritiva de ação — seja incapaz de devolver as rédeas à prescrição por sua iniciativa e que, mesmo se pudesse, não saberia quando fazê-lo. Isto é, supomos que *só o cálculo racional possa nos dizer quando um cálculo racional é necessário.* Se essa suposição básica for verdadeira, então precisamos mesmo sempre manter o aparato prescritivo em execução, sempre tentarmos estar no controle da situação, sempre estar cuidando de tudo.

E se essa suposição básica fosse falsa? Isso significaria que a necessidade de planejar, calcular e prescrever *surge impulsivamente,* tal como a fome e a sede, quando a situação o exige. Também significaria que podemos parar de planejar, calcular e prescrever quando a necessidade dessas atividades terminar, pois saberíamos que espontaneamente as iniciaremos quando for útil fazê-lo. A prescrição assumiria seu lugar *junto* às outras atividades da vida em vez de ser sua *base.* Comemos, fazemos amor, andamos, dormimos e, às vezes, planejamos, calculamos e prescrevemos. Em resumo, deixaríamos de cair em armadilhas mentais. A consciência moderna então daria lugar à *consciência liberada*.

O impulso é capaz de assumir tanta responsabilidade? Vamos dividir a questão em duas partes. Primeiro, uma vez que o impulso governe, ele é capaz de devolver as rédeas da ação à prescrição por sua própria iniciativa? Em segundo lugar, ele pode fazê-lo de modo apropriado, ou seja, é capaz de discernir quando a prescrição é necessária?

A primeira pergunta é fácil. Na verdade, estamos perguntando se podemos começar impulsivamente a calcular e a prescrever ou se o cálculo e a prescrição devem sempre vir de um cálculo e de uma prescrição anteriores. O fato de que quase todos nós temos pelo menos alguns momentos de impulsividade nos traz a resposta. Se somos impulsivos em um momento e prescritivos no seguinte, a prescrição só pode ter surgido da impulsividade. O *início* das decisões raciocinadas não pode ser resultado de uma decisão raciocinada!

Será que podemos confiar em que o surgimento espontâneo da racionalidade ocorrerá exatamente quando necessário? Não de modo infalível. Todos podemos nos lembrar de circunstâncias em que agimos impulsivamente e as coisas saíram piores do que se tivéssemos parado para pensar um pouco. Sem pensar, incentivamos as atenções de um chato, e ele nos importunou por muito tempo. Se nosso aparato prescritivo estivesse em funcionamento, poderíamos ter previsto esse resultado e prescrito uma atitude mais reservada para nós mesmos. Entretanto, é claro que também cometemos erros no modo prescritivo. Nossos cálculos, em geral, se baseiam em informações erradas ou incompletas e, às vezes, erramos na colocação de um ponto decimal ou pulamos uma etapa. Não podemos avaliar a eficácia relativa do impulso e da prescrição, comparando a soma total de seus resultados; a vida é complexa demais. No entanto, podemos demonstrar que não há vantagens em deixar que o modo prescritivo funcione o tempo todo.

O ponto crucial é que planejar, calcular e prescrever só pode funcionar com base em certas premissas. Quando decidimos (prescritivamente) se devemos ser reservados ou calorosos em relação a alguém que acabamos de conhecer, consideramos o resultado provável dos dois comportamentos e escolhemos aquele que, de acordo com todos os fatores, parece ser o melhor. Contudo, o que torna um resultado melhor do que o outro? Por que consideramos não ter um relacionamento com alguém melhor do que ter um relacionamento ou vice-versa? Talvez essa decisão possa ser tomada para seguir um princípio geral, como "Faça o que lhe der mais prazer" ou "Faça o que for melhor para os outros". Mas de onde vêm *esses* princípios gerais? Talvez de princípios ainda mais básicos. Acontece que, em algum momento, a cadeia de justificativa racional tem de parar em um princípio ou valor que, do ponto de vista da racionalidade, é simplesmente *dado*. As deliberações do modo prescritivo não podem começar com uma folha em branco. Os itens com que elas começam — nossos princípios e valores mais fundamentais — devem, portanto, vir do impulso. Nós os adotamos de modo espontâneo e irracional e não há outro modo de começar a pensar.

Portanto, a estratégia da consciência moderna não faz sentido. Deixamos a prescrição funcionando o tempo todo porque não temos fé no impulso; porém, o impulso é a base de nossas atividades prescritivas. Cada plano que fazemos, cada cálculo, cada decisão raciocinada começa com as suposições que nos foram dadas pelo impulso. Assim, nossa fé na racionalidade *pressupõe* uma crença ainda mais fundamentada no impulso. Se as direções do impulso não forem confiáveis, então os produtos da deliberação racional também não o serão. E se confiamos na racionalidade, então estamos comprometidos a confiar no impulso que lhe deu origem. De qualquer modo, não há vantagem na estratégia da consciência moderna. Seu único fruto é a exaustão.

Isso não significa que sempre seja indesejável decidir ou prescrever. A conclusão correta é que a decisão e a prescrição vão surgir do impulso quando forem necessárias, do mesmo modo como a respiração ou o piscar de olhos. Portanto, podemos desligar o aparato prescritivo sem medo, pois não despencaremos imediatamente no precipício mais próximo. É claro que não se pode garantir segurança absoluta, sendo sempre possível cair e quebrar o pescoço. No entanto, o hábito de ficar ilimitadamente "no controle" de qualquer situação faz com que trabalhemos mais sem necessidade. Em resumo, ele nos aprisiona nas armadilhas mentais.

Somos deixados com a questão do que fazer. Já vimos como todas as tentativas de argumentar, comandar, insultar ou persuadir a nós mesmos a desistir do trabalho mental inútil de uma armadilha nos leva de imediato para outra. A tarefa de desligar o aparato prescritivo não pode ser realizada por sua atividade contínua! O mesmo dilema é enfrentado pelos insones que buscam adormecer. Quanto mais intensamente trabalharem para isso, mais seu objetivo se afastará. Tanto o sono quanto a consciência liberada só podem ser alcançados pela interrupção de nossa atividade prescritiva. Sem dúvida, adormecer é sempre uma pequena liberação, uma vitória do impulso sobre o controle prescritivo. Uma análise minuciosa de como essa transição familiar pode ser realizada nos dirá o que ainda precisamos saber.

O sono ocorre sem problemas quando estamos certos de que não há nada que precisemos fazer a respeito. Simplesmente vamos para a cama, serenos e conscientes de que o sono virá quando nosso corpo precisar dele. Se tentarmos fazer com que ele aconteça por meio de nossos esforços, só o manteremos afastado devido ao ruído de nossa atividade mental. Mas, se acreditarmos em nosso organismo, o objetivo será atingido sem que precisemos fazer nada. Nossa fé é uma profecia que se auto-realiza. Do mesmo modo, no estado de consciência liberada, o racional e prescritivo confia no impulsivo. A racionalidade realiza todo e qualquer cálculo necessário e, elegantemente, retira-se, serena, sabendo que, quando seus serviços forem novamente necessários, ela será evocada.

É claro que essa fé é mais do que uma convicção intelectual. De fato, supomos que já estamos convencidos de que a liberação é desejável. Queremos soltar as rédeas, tentamos *prescrever* uma política de soltura, mas descobrimos que essa manobra é apenas um modo sutil de manter o controle. Essa condição também tem paralelo no domínio do sono. Somos como um insone que entende manter-se acordado pelos seus esforços. Ele sabe que o sono virá assim que deixar de se preocupar com ele. Então, luta contra a preocupação. O que mais se pode fazer?

No caso da insônia, o sono acaba vindo até para os que têm menos fé, mas de um modo surpreendente. O insone, para pegar no sono, luta inteiramente em vão, até que desiste por pura exaustão e desespero. E, então, exatamente porque desistiu, ele adormece. O mesmo processo pode também nos levar da consciência moderna à liberada. Podemos manter a luta voluntária para nos libertar até o amargo fim. Esse apego paradoxal ao estado de soltar-se está fadado ao fracasso. No entanto, ele pode não ser totalmente inútil no final.

Se lutarmos com todas as nossas forças, esgotando todos os estratagemas possíveis do aparato racional e prescritivo, acabaremos atingindo um nível tão profundo de desespero que simplesmente desistimos de toda a tentativa de fazer as coisas por nós mesmos. E, então, recebemos o prêmio, pois, quando paramos de prescrever, o vazio administrativo é preenchido pelo impulso. A transição pode demorar um pouco. No início, podemos ficar em um estado de passividade desprezível, sem saber o que fazer, porém, quando nossa bexiga estiver cheia, a tarefa a ser desempenhada estará bastante clara.

"Se um tolo persistir na própria tolice, tornar-se-á sábio", escreveu o autor inglês William Blake. O defeito dessa rota para a liberação — a do tolo — é que somos criaturas extraordinariamente esperançosas e obstinadas. Grandes calamidades — o fracasso irremediável de todos os nossos planos e sonhos — podem, se não nos destruírem completamente, resultar em liberação. Contudo, uma vida inteira de insatisfação comum em geral não é suficientemente longa para nos fazer desistir.

Estamos prontos para experimentar a vida do impulso. Mas, como ainda não estamos liberados, não conseguimos soltar as rédeas, nem mesmo em uma tentativa. Queremos sair da prisão da consciência moderna, porém, como estamos *dentro* da prisão, nossas ações *devem* seguir alguma política regulamentadora. *Precisamos* estar no controle da situação, então, como podemos descobrir se a consciência liberada realmente funciona?

A saída desse dilema requer uma manobra extremamente sutil por parte da consciência racional. O truque é adotar uma política regulamentadora cujos resultados sejam *idênticos* aos dos ditames do impulso. Um exemplo concreto esclarecerá essa idéia. A política mais elegante para o que desejamos é a prática da *atenção*. Simplesmente nos comprometemos totalmente a dar atenção cuidadosa a qualquer coisa que estejamos fazendo. Quando andamos, tentamos permanecer conscientes de cada passo; quando comemos, estamos atentos ao manuseio do garfo e da faca; e, quando estamos com raiva ou perturbados, lembramos de nos observar sentindo raiva ou perturbação. Desse modo, a necessidade compulsiva do aparato prescritivo por uma linha de ação definida é totalmente satisfeita. Sempre estamos buscando um objetivo claramente prescrito: permanecer plenamente atentos. No entanto, esse objetivo não determina o *conteúdo* de nossas atividades, pois a política da atenção perfeita é compatível com o não fazer absolutamente nada! Com o aparato prescritivo ocupado e feliz mantendo uma política de atenção, o impulso pode assumir. Como no caso da liberação pelo desespero, pode haver um período intermediário de inatividade relativa durante o qual não se sabe ao que dar atenção. Afinal de contas, nossa política prescritiva não especifica um curso de ação concreto. Mas podemos contar completamente com a bexiga para nos fazer ultrapassar esse ponto de impasse.

A prática da atenção contínua ao presente nos permite satisfazer nossas necessidades biológicas. Contudo, podemos viver assim e ao mesmo tempo levar uma vida produtiva e criativa? Se pretendermos apenas nos observar, poderemos manter um emprego, revolucionar a sociedade ou criar um filho? Nosso experimento pessoal vai possibilitar que respondamos a essas questões por nós mesmos. Ao satisfazer o imperativo atual de seguir uma política definida, a prática da atenção nos permite viver impulsivamente em caráter experimental. Se tudo correr bem, aprenderemos por experiência própria que não é preciso controlar tudo. Quando estamos com fome, comemos; e quando precisamos calcular e fazer planos, a prescrição é chamada a calcular e planejar. Desse modo, obtemos a confiança necessária para fazer a transição para a consciência liberada. Uma vez que a transição esteja feita, podemos deixar de lado o projeto da atenção. Ele é apenas uma muleta.

A fé necessária para a liberação não tem nenhuma relação com uma crença arbitrária nem com o pensamento carregado de desejo. Temos falado muito sobre as falhas do aparelho prescritivo, racional e calculador que governa a consciência moderna. Acontece que a consciência moderna só pode ser transcendida ao se abrir caminho resolutamente para a sua própria verdade. Uma pseudofé superficial na bondade intrínseca dos impulsos internos ou de salvadores externos não vai nos liberar. Para a consciência moderna, a única fé que importa é aquela que passou pelo teste da apuração incansável com honestidade intelectual absoluta. Talvez não haja salvação para nós ou talvez a frágil ilha de ordem e controle tão duramente conseguida por nossa racionalidade seja o único refúgio ou talvez a vida seja irremediavelmente absurda. É possível que uma mente *tradicional* atinja a liberação sem ter de lidar com essas questões. Mas não pode haver transcendência da consciência moderna a não ser atravessando-se o mar do niilismo, uma corrente filosófica que concebe a existência humana como desprovida de qualquer sentido, a doutrina do nada. Não conseguiremos atingir paz interior até estarmos prontos a confrontar a possibilidade de que o conflito seja infinito. Não devemos nos deixar confortar por esperanças e mentiras. Vamos nos dedicar totalmente à verdade, aonde quer que ela possa nos levar. Para a mente racional à qual este livro é dirigido, não pode haver mestre mais elevado.

APÊNDICE

A PRÁTICA DA OBSERVAÇÃO DOS PENSAMENTOS

Os capítulos anteriores foram dedicados principalmente a ajudá-lo a detectar e identificar as armadilhas mentais em seu cotidiano. Ao contrário de observar pássaros, correr, construir um veleiro ou aprender a falar um novo idioma, esse projeto não exige nosso tempo. O esforço de identificar as armadilhas cabe facilmente na agenda mais lotada porque ocorre *ao mesmo tempo* de nossas outras atividades. Não precisamos diminuir o número de horas que dedicamos ao trabalho nem desistir de um momento de descanso ou de lazer. Na verdade, nosso trabalho e nosso lazer nos darão campo para a investigação. Esse é o hobby perfeito! Uma preocupação exclusiva com o equipamento de som ou com o futebol pode empobrecer o resto de nossa vida, mas podemos nos tornar fanáticos pela caça às armadilhas mentais sem estreitar a gama de nossos interesses, nossas atividades e simpatias.

Existe, contudo, um exercício especial que pode acelerar nosso progresso. É claro que ter pressa em se livrar das armadilhas já é uma armadilha, mas, quando não há um assunto urgente nem um prazer atraente no horizonte, ou seja, quando temos "tempo em nossas mãos", parte desse tempo pode ser dedicada à prática de *observar os pensamentos.* O único equipamento necessário para isso é um lugar razoavelmente livre de distrações externas. As instruções não poderiam ser mais simples: ficarmos sentados quietos e observar nossos pensamentos. Isso é tudo. Na observação de pensamentos não tentamos pensar em nada em particular, mas também não tentamos bloquear ou interferir nos pensamentos que surgem. Só observamos, como em um filme.

Já no início desse exercício, aprendemos uma importante lição sobre a mente: *os pensamentos surgem naturalmente, mesmo que não nos esforcemos por sua existência.* Essa verdade pode ser deduzida de nossa descoberta anterior de que o pensamento em geral é inconsciente: obviamente, não podemos nos esforçar para que nossas idéias existam se não temos consciência delas. Entretanto, na observação de pensamentos, podemos observar à plena luz da consciência como os pensamentos vêem e vão naturalmente sem nosso auxílio. É claro que *podemos* também exercer uma influência por vontade própria sobre o fluxo de idéias, mas o fluxo não seca automaticamente assim que deixamos de nos esforçar. Os pensamentos continuam fluindo, mesmo quando paramos de fazê-los surgir.

Mas essa é só uma observação preliminar e cedo ou tarde todas as armadilhas mentais encontradas no dia-a-dia também aparecerão quando estivermos simplesmente observando os pensamentos. Como suspendemos temporariamente todos os outros interesses, somos observadores sagazes. A observação dos pensamentos é especialmente útil para aprender a detectar os lapsos momentâneos nas armadilhas de pensamentos que são fugazes demais para serem percebidos no cotidiano. No entanto, a observação dos pensamentos não torna supérfluo o exame de nossas atividades corriqueiras. É só quando estamos imersos nos assuntos da vida que cometemos as versões mais longas de cada armadilha as quais nos consomem por horas, dias ou mesmo anos. Contudo, a sensibilidade resultante da observação dos pensamentos aumenta muito a qualidade de nossas observações da vida diária.

Quinze ou vinte minutos de observação dos pensamentos, praticados quase todos os dias, levam rapidamente a algumas descobertas admiráveis sobre nosso funcionamento mental. O observador iniciante de pensamentos descobrirá, contudo, que observar os pensamentos parece ser difícil. Na verdade, nada pode ser mais fácil. Contudo, no início passamos pouco tempo observando, de fato, nossos pensamentos. Em vez disso, tentamos *controlar* o fluxo dos pensamentos, fazer com que ele flua em uma ou outra direção ou procuramos suprimi-lo completamente. É claro que não podemos controlar nossos pensamentos e, ao mesmo tempo, observar seu surgimento. A tentativa de seguir esse programa contraditório nos deixa cada vez mais tensos e é por esse motivo que o exercício parece difícil.

Tudo isso é exatamente como deve ser, pois, no momento preciso em que deixamos de observar os pensamentos e começamos a controlá-los, caímos em uma armadilha. As armadilhas não surgem simplesmente ao alcance de nossa consciência observadora em meio a outras idéias que não estão presas em armadilhas. Nós as *cometemos.* Enquanto estivermos envolvidos na tarefa de observar os pensamentos, toda alteração intencional do fluxo do pensamento — trabalho mental em qualquer projeto — será uma armadilha. Em resumo, as armadilhas não surgem *enquanto* estamos observando os pensamentos, mas sim quando deixamos de seguir as instruções.

Isso não quer dizer que nunca devamos tentar controlar nossos pensamentos. Pelo contrário, exercícios para aumentar o controle foram mencionados no capítulo a respeito da divisão, mas também temos de aprender a *soltar* o controle quando for adequado fazê-lo. Se decidirmos observar nossos pensamentos, o controle será inútil, por definição. *Nessa situação,* todas as tentativas de controle são um episódio mental supérfluo, ou seja, uma armadilha. É isso que torna a observação dos pensamentos tão instrutiva: quando não há necessidade de nenhum trabalho, observamos com mais clareza as diversas maneiras como inventamos trabalho para nós mesmos.

Vejamos como a armadilha mais simples, *persistência,* surge durante a observação dos pensamentos. Depois de ter começado a observar, podemos inicialmente perceber nossas idéias indo e vindo naturalmente, como o exercício propõe. Estamos conscientes do tiquetaquear do relógio e uma cena do passado surge diante de nossos olhos. Então o nariz coça. E é isso. Esse tipo de idéia surge e se dissolve sem deixar traços, "como pássaros voando em um céu sem nuvens". Eles são *autocontidos* no sentido de que não implicam necessidade de nenhum pensamento posterior. Porém, não se passa muito tempo antes de tentarmos prender um dos pássaros mentais e usá-lo como suporte. Tendo ouvido o tique-taque do relógio, ficamos imaginando que horas serão; uma cena do passado nos faz perguntar se realmente aconteceu daquele modo e imediatamente começamos a trabalhar no problema. O projeto que nos toma pode ser inteiramente fútil; por exemplo, podemos pensar na Branca de Neve e começar a reconstruir a lista dos nomes dos sete anões. Nessa hora, a qualidade de nosso funcionamento mental muda completamente. Estamos interferindo no fluxo de idéias com um propósito definido, não mais observando os pensamentos.

É claro que podemos optar por descobrir que horas são ou reconstruir o passado ou nomear os anões *em vez de* observar nossos pensamentos. No entanto, vamos supor que não queremos de fato lembrar dos anões, mas, na verdade, queremos observar os pensamentos. Vamos supor que esteja completamente claro para nós que não seremos minimamente prejudicados ao abandonar o projeto dos anões. No entanto, depois de começar sem querer o projeto dos anões, nós nos sentimos obrigados a continuar com ele. Após se lembrar de cinco nomes de anões, é difícil voltar a observar os pensamentos até lembrarmos dos outros dois. Tínhamos a intenção de nos sentar e apenas observar os pensamentos, mas em vez disso nos envolvemos em uma busca vigorosa e focada de todos os adjetivos pessoais que conhecemos e que terminam em *ada*.

Os assuntos em que nos atolamos ao observar os pensamentos não são necessariamente inúteis. Muitas vezes, começamos a pensar sobre questões que têm relevância para nossa vida, mas que poderiam ser adiadas, sem problemas, para depois do fim da sessão de observação de pensamentos. Nesse caso, caímos na armadilha da *antecipação*. Designamos um período de tempo para não fazer nada a não ser observar nossos pensamentos; limpamos as lousas mentais de todos os assuntos urgentes e, sabendo que nenhuma questão em nossa vida seria prejudicada ao ser adiada por quinze minutos, começamos. Contudo, não demora muito para que uma dessas futuras questões chame nossa atenção. Então, começamos a pensar sobre os planos para o jantar que teremos de fazer em breve ou sobre a grande decisão vocacional que enfrentaremos daqui a um mês ou ainda sobre as férias perfeitas que teremos algum dia. Pode não haver a mínima sombra de dúvida de que não vamos nos beneficiar por lidar com essas questões *agora*, em meio à observação de pensamentos, em vez de quinze minutos depois. Mas, mesmo assim, fazemos isso.

Nesses exemplos de persistência e de antecipação, o conteúdo de nosso pensamento aprisionado é indistinguível do que poderia ocorrer na vida diária. A única diferença é que temos maior probabilidade de detectar a armadilha porque não estamos ocupados fazendo outra coisa. Somos como naturalistas sentados tranqüilamente atrás de um arbusto, com os binóculos na mão. Se esperarmos pacientemente, todas as armadilhas da vida cotidiana aparecerão. Vamos persistir, antecipar, reverter a mágoas do passado, formular atitudes em relação a questões que não nos dizem respeito, acelerar até ficarmos ofegantes em relação a conclusões para as quais não há necessidade imediata... No dia-a-dia, só podemos olhar de relance esses fabulosos animais conforme passamos por eles, pois sempre estamos desempenhando alguma missão; porém, quando estamos observando os pensamentos, podemos observá-los o quanto quisermos e perceber plenamente suas características espantosas.

Esses alienígenas da vida cotidiana não são as únicas criaturas a serem vistas ao se observar os pensamentos. Elas são apenas o primeiro e mais óbvio círculo do pensamento aprisionado. Uma vez que estejamos cientes delas, geralmente iniciamos as diversas manobras que têm como objetivo bani-las da mente. *Essas tentativas para nos libertar e retornar à observação de pensamentos invariavelmente resultam em versões mais sutis de cada armadilha.* Terminamos passando de uma armadilha para outra e recomeçando toda a jornada, sem saída à vista. Uma seqüência pode começar com qualquer uma das idéias aprisionadas que conhecemos na vida cotidiana. Como exemplo, vamos supor que nos sentamos para observar os pensamentos e percebemos que estamos persistindo na construção da lista dos nomes dos anões da Branca de Neve.

Ao percebermos que estivemos persistindo, podemos reclamar de nosso fracasso em observar corretamente os pensamentos: "Estraguei tudo de novo!". É claro que dizer a nós mesmos que estragamos tudo não desfaz o fato de termos estragado algo, nem nos leva para o caminho correto. Ao reclamar sobre um acontecimento que está irremediavelmente concluído, só trocamos a persistência pela armadilha da *reversão*. Em vez de pensar inutilmente sobre os anões, agora pensamos inutilmente sobre o fato de estarmos pensando inutilmente! E quando percebemos que nossas idéias de reversão ainda não nos levam de volta à observação dos pensamentos, ou seja, que estragamos tudo de novo por pensar que estragamos tudo, podemos reverter à reversão: "Estraguei tudo! — e agora estraguei tudo de novo!" Agora estamos cara a cara com um espantoso regresso infinito em que cada lamento de um fracasso passado dá origem a um novo lamento: "Estraguei tudo de novo! — e de novo! — e de novo!..." A única saída do labirinto é deixar a questão totalmente de lado, permitindo que um dos fracassos sucessivos passe sem ser comentado.

Ou então (ou adicionalmente), podemos tentar manter a observação dos pensamentos, nos lembrando sempre o que estamos fazendo. Pensamos: "Estou observando os pensamentos — só observando os pensamentos — nada mais". É como se estivéssemos tentando manter o controle sobre nossas idéias iniciais a respeito de outros projetos, chamando o nome daquilo que queremos continuar a fazer. Mas *dizer* a nós mesmos que estamos observando os pensamentos não é ainda observar os pensamentos. É *formulação*. É fácil nos enganarmos, contudo. Depois de alguns momentos de observação dos pensamentos, podemos até mesmo dizer a nós mesmos: "*Agora* consegui mesmo fazer isso!" — sem perceber que paramos de fazê-lo assim que tivemos esse pensamento. Quando nos pegamos nessa variedade sutil de formulação, podemos, mais uma vez, dar o primeiro passo em direção ao regresso infinito, pensando: "Isso é formulação", como se dar nome às armadilhas fosse o mesmo que vencê-las. Entretanto, é claro que dar nome à formulação é apenas outra formulação: "Isso é formulação — isso também — e isso também..."

A *regulamentação* não difere muito da formulação. Em vez de tentar afastar o projeto intrusivo dos anões invocando o nome da observação de pensamentos, nós literalmente determinamos para nós mesmos que devemos voltar à tarefa assumida: "Volte a observar os pensamentos!" É claro que explicitar a lei de que devemos observar os pensamentos ainda não é a mesma coisa que observar os pensamentos, e se ficarmos ocupados punindo-nos por toda a sessão — "Só observe! Pare de persistir! Nada disso! Só observe!" — não teremos observado nossos pensamentos. Além do mais, quando nos damos conta da futilidade de regulamentar a atividade de observar os pensamentos, podemos começar a fazer regras contra a regulamentação. Uma seqüência típica poderia ser assim:

"...Atchim ...Soneca ...Isso é persistência. Pare de persistir. Só observe os pensamentos. Mas isso é regulamentação. Pare de regulamentar. Só observe os pensamentos. Mas isso ainda é regulamentação. Pare de regulamentar..."

Como saímos de um círculo vicioso como esse? Nada pode ser mais simples: em vez de *dizer* a nós mesmos para parar de regulamentar e só observar os pensamentos, precisamos apenas parar de regulamentar e só observar os pensamentos.

Outra estratégia para vencer os projetos intrusivos é dizer a nós mesmos que vamos adiar o exame desses projetos para depois da sessão de observação de pensamentos. Contudo, decidir *agora,* quando já sabemos o que faremos nos próximos quinze minutos, o que vamos fazer *depois* é *uma antecipação de um passo.* Já percebemos que é desnecessário completar a lista dos anões neste momento, mas não vimos ainda que é igualmente desnecessário decidir, agora, *quando* vamos completá-la ou mesmo se algum dia ela será completada. Novamente, podemos empilhar uma idéia aprisionada sobre a outra. Quando compreendemos que "Farei isso depois de observar os pensamentos" é uma antecipação, dizemos a nós mesmos que não precisamos decidir agora quando vamos fazer isso, que vamos deixar para pensar no problema de quando fazê-lo depois de terminar de observar os pensamentos. Mas essa idéia cai novamente na mesma armadilha que deseja desarmar. Não precisamos decidir agora quando completar a lista dos anões *nem* precisamos decidir agora quando vamos decidir.

Depois de espirais alucinantes de reversão, formulação, regulamentação e antecipação, é renovador contemplar o simples cansaço que nos leva a *acelerar* enquanto observamos os pensamentos. Como nos casos anteriores, vemos o momento em que nos pegamos persistindo na construção de uma lista inútil de anões. Ao desejar voltar à observação dos pensamentos, podemos nos repreender pelo fracasso (reversão), dizer a nós mesmos o que deveríamos fazer (formulação), ordenar que voltemos ao trabalho (regulamentação) ou reagendar o projeto intrusivo para um momento posterior (antecipação) — que são todas diferentes da observação dos pensamentos tal como a persistência original. Outra estratégia é tentar correr com o projeto intrusivo o mais depressa possível para voltar logo à observação dos pensamentos, isto é, adicionamos a armadilha da aceleração a nossa persistência original. Agora não estamos pensando apenas sobre a lista dos anões, mas também sobre o *final* do projeto dos anões, por exemplo, sobre como seria desejável chegar ao fim, quanto estamos perto do fim e assim por diante. Nossa preocupação em terminar logo é um *segundo* projeto intrusivo que nos afasta ainda mais da atitude de observação dos pensamentos. Além de idéias como "Soneca" e "Não havia um cujo nome começava com M?", também pensamos "Só faltam dois para terminar!".

A *fixação* é um fenômeno maravilhosamente sutil na observação dos pensamentos. À primeira vista, pode até parecer que a atividade de observação dos pensamentos é incompatível com sua ocorrência. Já que não temos um objetivo futuro em mente, que expectativa pode existir? Muitas vezes temos a expectativa do *final da sessão de observação dos pensamentos.* Em vez de só observá-los, nós nos vemos engajados em um exercício mental que tem determinada duração. Pensamos em chegar ao fim da sessão como se isso nos fizesse marcar pontos em algum jogo. O resultado é que temos um projeto que nos mantém ocupados do início até o final: terminar a sessão. É claro que esse projeto específico não requer que *façamos* nada. A conclusão da sessão de observação dos pensamentos não pode ser apressada: ela chega naturalmente. Somos como o anfitrião que espera a chegada dos hóspedes e cometemos o mesmo erro: começamos a marcar o tempo. Podemos na verdade acompanhar quanto tempo falta — "Falta um minuto... trinta segundos...". Ou podemos nos sentar em um estado de suspensão, sem pensar *a respeito* do fim, mas indo silenciosamente em direção ao nada. Em qualquer dos casos, ficamos tão presos à *intenção de observar* os pensamentos que esquecemos completamente de observá-los.

Quando alguém nos chama enquanto estamos observando os pensamentos, podemos *resistir* à interrupção, dizendo a nós mesmos que não interromperemos nosso exercício. Podemos até responder com irritação: "Não me incomode agora. Estou observando meus pensamentos!", Contudo, não poderíamos ter tal idéia a menos que já tivéssemos parado de observar os pensamentos. Sem dúvida, paramos de observar assim que percebemos a interrupção. Se tivéssemos permanecido em uma atitude de pura observação, o chamado não teria sido nada além de um som, como o soprar do vento. O fato de termos a experiência da interrupção significa que já havíamos dado o primeiro passo para um novo projeto: nos livrarmos da interrupção. Não se trata de *continuar* a observar os pensamentos, pois a observação dos pensamentos já ficou para trás. Isso é que dá origem à resistência durante a observação dos pensamentos, além da variedade comum de resistências da vida cotidiana: quando lutamos para nos livrar das interrupções à observação dos pensamentos, estamos tentando preservar algo que já deixou de existir.

O *adiamento* não é nada mais do que a resistência ao novo enquanto não estamos comprometidos com nenhuma outra tarefa definida. Portanto, não pode realmente ocorrer *durante* a observação dos pensamentos. Contudo, em geral, o adiamento ocorre antes de começarmos a observar os pensamentos. Antes de nos estabelecermos nos exercícios, sentimos a necessidade de "limpar as listas" das diversas obrigações que, caso contrário, poderiam nos interromper. Verificamos o resto da agenda do dia para nos assegurarmos de que nada exige nossa atenção imediata, limpamos a casa e revemos os princípios e metas fundamentais de nossa existência. A mesma seqüência de eventos poderia preceder qualquer novo projeto. Como ocorre antes de qualquer ação, o adiamento é a única armadilha que não revela uma nova face quando observamos os pensamentos.

Qualquer questão que ocorra durante a observação dos pensamentos pode ser *amplificada* ilimitadamente. Nós nos pegamos antecipando o que vamos dizer em uma importante entrevista no dia seguinte e tentamos acelerar até o fim da tarefa para voltar a observar os pensamentos. Mas o fim completo e absoluto nunca parece chegar, sempre existindo outra questão possível que exige uma resposta. Mesmo quando a tarefa está definida com clareza, ficamos inseguros com nossos achados precedentes antes de chegar ao fim, e depois temos de repetir. Após termos lembrado do sétimo anão, esquecemos do primeiro e precisamos começar tudo de novo.

Tudo isso é a variedade comum da amplificação. Existe também uma variedade exótica que raramente é vista fora do ambiente protegido da observação dos pensamentos. Notamos repetidamente que a própria tentativa de preservar a observação dos pensamentos era a responsável por evocar esses seres exóticos. A tentativa de nos fazer voltar à observação dos pensamentos nos leva à regulamentação, ao reagendamento dos projetos estranhos para um momento posterior que resulta em antecipação, e assim por diante. Do mesmo modo, caímos na amplificação quando tentamos raciocinar nossa volta à observação dos pensamentos. Por exemplo, podemos apontar a nós mesmos que não haverá prejuízo em deixar de lado esse projeto estranho nesse momento. Mas não podemos saber se isso é verdade sem rever todas as desvantagens em potencial. Infelizmente, não há fim para as desvantagens potenciais a serem consideradas. E, mesmo que possamos estabelecer essa premissa em bases sólidas, ela não seria suficiente para permitir uma dedução de que devemos voltar a observar os pensamentos. E se apenas gostarmos desse projeto intrusivo? Bem, não estamos gostando dele. Não estamos gostando dele e não há desvantagens em deixá-lo de lado, e esse parece ser o fim da questão. Entretanto, e se houver uma consideração crucial que não conseguimos perceber? E se houve um erro em nosso raciocínio? É melhor rever o argumento desde o início...

O último refinamento dessa linha de pensamento é atingido quando nos damos conta de que estamos amplificando. Então, lembramos a nós mesmos que a amplificação é uma armadilha — mas, *será* que é mesmo? É melhor revermos os argumentos que demonstram que é uma armadilha, só para ter certeza. Tentamos fugir a esse novo dilema, lembrando que *já* vimos esses argumentos, e de fato fizemos isso com a maior atenção; então, a revisão agora é totalmente supérflua. *Sabemos* que a amplificação é uma armadilha. Mas será que sabemos mesmo? E se a nossa lembrança estiver errada?

A *divisão* normalmente é o último dos três erros sucessivos na observação dos pensamentos. Caímos na primeira armadilha ao trabalhar inadequadamente em algum projeto mental — por exemplo, persistimos na construção da lista dos anões. Caímos na segunda armadilha ao criar um projeto para resolver a situação — por exemplo, tentamos nos regulamentar para voltar à observação dos pensamentos. E depois caímos na terceira armadilha da divisão, ao nos movermos entre as duas primeiras armadilhas:

"...Atchim. Pare com essa bobagem! Soneca. Volte a observar os pensamentos! Não tinha um cujo nome começava com M? Chega disso!..."

Faríamos melhor se simplesmente terminássemos a lista de anões em paz.

Naturalmente, uma divisão não precisa se limitar a duas armadilhas. Podemos incluir quantas quisermos de uma só vez. Pode ser instrutivo identificar as armadilhas sucessivas existentes no exemplo de monólogo a seguir (as respostas são dadas depois do monólogo):

"...Atchim. Só faltam mais dois nomes. Mas não estou observando os pensamentos! Preciso voltar a isso. Não há necessidade de trabalhar nessa lista de anões. Posso terminar isso depois da sessão... Bem, *agora* consegui. Só faltam alguns minutos."

Depois da persistência original de "Atchim", esses pensamentos são exemplos, respectivamente, de aceleração, reversão, regulamentação, amplificação, antecipação, formulação e fixação. Todos juntos constituem uma divisão feroz, mas não tão incomum. É assim que estamos por dentro na primeira vez em que nos sentamos para observar os pensamentos.

Tudo o que fazemos para voltar a observar os pensamentos parece nos levar para outra armadilha. Mas a saída está bem à vista. Não há nada de misterioso nela, simplesmente fomos enganados pelas categorias gramaticais. Supomos que "observação dos pensamentos" seja algo a fazer porque é um verbo como "comer" ou "ganhar dinheiro", e nós nos esforçamos para fazê-lo direito. É como supor que "quinta-feira" refere-se a uma coisa porque é um substantivo e sair procurando sua localização geográfica exata. Na verdade, observar os pensamentos não é nenhum projeto. Não é uma questão de fazer, mas de *deixar* de fazer. Observar os pensamentos é a condição em que estamos quando, permanecendo completamente vigilantes, não fazemos nada. Assim, não podemos *fazer* a observação dos pensamentos, só podemos deixar que aconteça. Se tentarmos impedir um projeto intrusivo com algum tipo de ação, então a própria ação vai inevitavelmente transformar-se em um segundo projeto intrusivo. Não chegamos a nenhum lugar ao nos repreender, ao construir bons argumentos nem ao estabelecer leis. O único remédio é deixar de lado, e *dizer* "Deixe disso!" não é deixar de lado.

Quando estamos observando os pensamentos, literalmente não temos nada a fazer. Entretanto, conseguimos criar uma imensa lista de tarefas e problemas a partir desse nada. Não é de surpreender que compliquemos inutilmente nosso trabalho quando *há* algo a ser feito!

Este livro foi impresso pela
Prol Gráfica em papel *offset* 75g.